献给所有渴望训练和热爱训练的人。

陈邹琦 / 著

FITNESS ROUTE

健身路线图

精准训练与无伤运动导航书

北京科学技术出版社

图书在版编目（CIP）数据

健身路线图：精准训练与无伤运动导航书 / 陈邹琦
著. — 北京：北京科学技术出版社，2023.1（2024.8重印）
　　ISBN 978-7-5714-2261-5

　　Ⅰ.①健… Ⅱ.①陈… Ⅲ.①健身运动 Ⅳ.
①G883

中国版本图书馆CIP数据核字（2022）第065145号

策划编辑：苑博洋
责任编辑：苑博洋
责任校对：贾　荣
装帧设计：何　瑛
图文制作：北京锋尚制版有限公司
责任印制：张　良
出 版 人：曾庆宇
出版发行：北京科学技术出版社
社　　址：北京西直门南大街 16 号
邮政编码：100035
电　　话：0086-10-66135495（总编室）0086-10-66113227（发行部）
网　　址：www.bkydw.cn
印　　刷：北京宝隆世纪印刷有限公司
开　　本：710 mm×1000 mm　1/16
字　　数：276 千字
印　　张：16.5
版　　次：2023 年 1 月第 1 版
印　　次：2024 年 8 月第 3 次印刷
ISBN 978-7-5714-2261-5

定　　价：116.00元

序 言

当我看到陈邹琦老师的《健身路线图》书稿的时候，我感到惊喜。

无论是从目录结构还是从知识体系来看，这本书都与市面上的健身图书有很大区别，它不是老生常谈的"增肌减脂"知识科普，也不是千篇一律的"肌肥大"训练教学。这是一本从身体功能训练和运动损伤预防的角度，教你迅速找对方向，独立把控健身训练的实用书籍。

本书分为三个部分："原则篇""动作篇"和"计划篇"。

"原则篇"包含陈邹琦老师对训练动作底层原则的大量思考，这里有四个重要的内容：体能训练金字塔、正确动作的三个标准、动力链模型和关节功能筛查。大多数健身类图书对这四个内容罕有涉及，价值颇高，足以体现陈邹琦老师扎实的专业素养。

"动作篇"包含五大动作模式：屈髋动作、下肢双腿动作、下肢单侧动作、上肢推动作、上肢拉动作。此外，还有核心区域训练和四肢补充训练。每个训练动作不仅列出了相应的技术要点、错误点，还提供了较易与较难的变式动作，以及关节受限的解决方案。每个动作模式，都附有一张非常清晰的思维导图对训练动作进行归纳梳理。

"计划篇"化繁为简，分为单次计划和长期计划，专注于动作、负荷强度、负荷量、间歇时间这四个变量的制定。

这本书写得极为通俗易懂，直指我们实际训练中的目标。书中的训练体系适用于各种各样的运动人群，如果你是球类运动爱好者，你可以使用这本书；如果你是跑者，你可以使用这本书；如果你是运动小白，这本书对你也非常友好，完全没有阅读门槛；就算你是高水平的健身教练，这本书也能引起你很多启发和共鸣。

这本书好读、可信、适用广，与陈邹琦老师的专业背景和经历是分不开的。陈邹琦老师有着16年专业运动员的经验，是北京体育大学的硕士研究生；她担任了10多年国家队、省队体能教练的工作，带出过多位世界冠军；她做过Keep健身课程产品经理，曾设计出影响数千万人的运动课程，在体育领域有多次创业经历，同时在业余时间撰写健身科普内容，指导普通人进行训练。

这些经历使她不仅拥有前沿的专业知识，还具有极强的同理心，了解普通训练者想要什么、需要什么。从她传播专业知识的过程中，我看到了浓厚的人文关怀。

今年2月份，我和陈邹琦老师做了一次视频直播连线，她在直播中说：

"这个世界上训练的方法和手段有很多，但是每一种方法和手段都只是你这一段路上的一座桥梁，你绝不只是为了站在这座桥梁上。训练是为了实现更好的目标，而不仅仅是为了做好这个训练方法本身。不要执着于任何一种训练方法，只要能够帮你实现目标的（方法），大家都可以打开心胸去接受。"

希望拿到这本书的你，可以和陈邹琦老师一起，抓住训练的本质，实现自己的训练目标，成为最好的训练者！

陈柏龄

2022年11月

前　言

力量训练并非唯一的运动，但力量是每个人都必须拥有的身体素质。

很多人总是无法做到坚持训练，要么是因为没人传授正确的动作，因而在日复一日地重复错误动作中产生损伤，不得已半途而废；要么是因为没人教如何制订适合自己的训练计划，导致收效甚微，看不到坚持的价值而放弃。因此，我写这本书的初衷就是要解决这些直接影响训练可持续性的问题，解决的关键在于正确的动作和合适的计划。

在作为专业运动员的16年时间里，我曾误以为训练就是动作的堆砌，只要把各种各样的训练动作像大拌菜一样搅和在一起，就能实现训练效果。我也曾把训练计划想得那么简单，认为那只不过是增减不同训练动作的数量和强度而已。我当运动员时就是这样被训练的，所以当了教练以后，我也这样去训练别人。那时，我就这样一直专注于学习各种各样的训练动作，兴趣盎然地去了解来自各类训练者的创新训练方法，寄希望于在自己的专业教练之路上不断通过这种简单的加法来实现运动员成绩的突破。

偏偏在这个信息爆炸的时代最不缺的就是方法。同一个器械，为了吸引眼球，在网络上能找到成千上万种练法；同一个理论，为了赚取流量，可能会被拆分为成百上千的碎片；即使是同一个动作，为了标新立异，也居然能被赋予那么多不着边际的训练效果。

在如此繁多而又碎片化的信息中，我越学习反而越迷茫，到底什么是真、什么是假？究竟什么是对、什么是错？千万种训练方法中究竟哪一种最适合我？无数的训练动作中究竟我该选用哪一个？

迷茫的我只能重新回到书本和训练中去寻找答案，将自己所学所练全部清零，重新拿起《运动解剖学》《运动生理学》等基础教材，练起杠铃、哑铃等最古老的器械。经过多年的苦学与苦练，无数次尝试与试验，终于让我看清了训练的本质：训练动作就像英文字母，是安排训练的基础；训练安排就像英文单词，虽然是字母的组合，但绝不是随意堆砌。要设计出一套行之有效的训练计划，就必须把人体的解剖结构特点以及生理生化特征作为基础逻辑。

纷繁复杂的训练动作就像枝叶，枝叶再多，一旦脱离树干就失去了生命力，失去了成长的源泉。而只有了解这些动作背后的逻辑，比如"如何判定动作的正确性和可行性""如何评估动作风险与收益并进行决策""如何制订属于自己的训练计划"，等等，才能真正地掌控自己的训练。到那时，你就仿佛是武林高手突然打通了任督二脉、齐天大圣获得了火眼金睛，所有的训练动作和组合方式都将以最质朴的面貌出现在你眼前，你将在训练中真正体会到胸有成竹，信手拈来，不被任何所谓的"创新方法"迷惑。

我见到了太多的初学健身者不知道应该如何正确地开始训练，结果刚刚立志坚持健身就练出了一身伤痛；也有太多的训练者付出了很多时间和汗水，却没有得到相应的效果。我也曾和他们同样迷茫，我不愿再有人这样迷茫下去，所以我希望从自己的专业出发，编写一本"教练用得上，大众看得懂"的健身专业书籍，与大家一起抓住训练的本质，洞悉一切训练动作背后的真相，让每个人都能成为自己的教练，让每个人都能得到专业的指导，成为最好的训练者。

训练是一门实践学科，"书读百遍，其义自见"在这里不适用，只有不断重复学习，反复打磨动作，才能真正掌握。

请和我一起来为自己的训练之树建造树干吧，为自己补修一门体育专业课，一起成为最好的训练者！

目 录

原则篇

训练的本质

体能训练金字塔与动力链

体能训练金字塔
身体训练的基本原则

进化论认为，人类的远祖可能是来自海洋，或者是来自非洲的猿类，或许在远古，人类精于游泳，善于奔跑跳跃。但是，"用进废退"的观点告诉我们，人类的身体会对长期进行的活动逐渐适应，并对相关功能进行优化，而那些不常用的功能则会被逐渐忘却。所以，人类的大脑越来越发达，但肢体运动能力却越来越差，运动对于我们不再是天赋，而成了需要后天学习的技能。

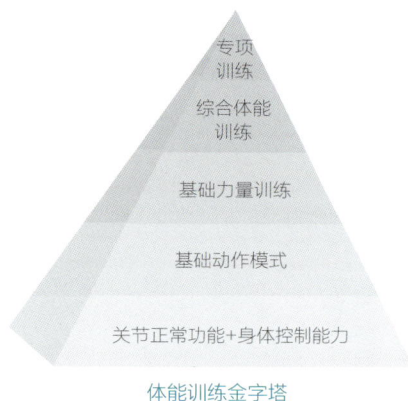

体能训练金字塔

学习运动技能的途径就是训练，在开始训练之前，我们需要先了解身体训练的基本原则。

在体能训练金字塔中，依照从下到上的顺序，我们就可以看到正确的运动逻辑：以正常的关节功能和身体控制能力为基础，逐步向上发展到基础动作模式的学习和培养，只有在身体拥有了正常的关节功能，并掌握了正确的动作模式之后，才能开始进行基础力量训练，在获得一定的基础力量以后，逐步进阶到跑跳以及HIIT（高强度间歇训练）等对关节有冲击的高阶训练，发展综合体能，最后进展到专项训练。

教练有话说这里所说的专项，并不仅仅是指某个专业运动项目，而是指具有明确目标之后和目标相关的一切训练。若以减肥为目标，那么减肥就是你的专项，燃脂的有氧运动对减肥效果好，那么有氧运动就是你的专项运动。

避免错误，减少伤害

我们仍以最常见的运动减肥为例。假设一个毫无运动基础的大体重训练者希望通过运动瘦身，那么他的第一个想法很可能是去跑步，因为在当今"全民马拉松"的时代，通过跑步来减肥似乎已成为一种潮流，于是他下定了决心，开始跑起来。

但实际上，体重越大，身体各个部位尤其是下肢及腰部所承受的压力也相应越大。这位大体重的运动者即便只是静立，下肢各关节也要承受比常人更大的压力，如果直接采用跑步的运动方式，假如再加上不正确的跑姿和较差的力量基础，简直无异于饮鸩止渴、雪上加霜，估计在开始跑步1～2周后就会出现踝、膝或腰的慢性疼痛。此时，如果他畏惧疼痛而放弃反而是好事，假若他减肥的决心非常坚定并强迫自己坚持下去，从科学运动的角度来看，运动这把"双刃剑"对他的伤害会比减肥来得更加迅速，在后期会出现关节炎症、积液甚至关节磨损，以致他不得不放弃训练，因为他已经实在疼痛难忍。大部分人的减肥之路就是这样中断的。

没有正确的运动意识，决心越大，伤害越大！

教练有话说　　曾经听过一个段子，是讲老一辈的中国运动员和外国运动员的培养区别。老一辈的中国运动员培养方式就像是拿一筐鸡蛋往墙上砸，可能会有一地的碎鸡蛋，但是总有没碎的鸡蛋，那个就肯定能练出来；而外国运动员的培养方式则是对一颗鸡蛋尽最大的努力孵化，技术教练、营养师、体能教练、康复师……恨不得十几个人围着一人转。两种培养方式的最后结果可能都是培养出奥运冠军、世界冠军，但中国运动员的运动寿命往往不长，30岁以后的老运动员甚是少见，而且退役以后都是一身伤，跟半个残疾人差不多。而外国运动员到40岁还参加重大赛事的大有人在，退役后依旧热爱运动。

当然这只是个段子，但也充分说明了不同的训练安排，对个人的运动生涯有多大影响。运动是把"双刃剑"，任何运动都可能对人体造成伤害，不合理的训练安排简直是对运动能力的摧残。当下中国运动员的培养方式也早已摒弃了这种靠"人海战术撞大运"的方法。在讲究科学化训练的今天，运动员的每个动作、每次间歇、每节训练课都是经过科学设计的。对于职业运动员来讲，训练只有一个目标，那就是突破，不断突破自我、突破纪录、突破成绩，所以运动员的运动强度之大、运动时间之长是常人难以想象的。在这种大负荷训练之下，尽可能减少伤病的产生、延长优秀运动员的运动寿命就是体能教练的最大职责。

职业运动体能教练要做的三件事情		
1	**2**	**3**
培养运动员的正确训练认知，强调动作质量，避免运动员只图完成数量上的任务，忽略动作质量及动作的正确性，重复错误动作。	培养运动员的身体训练意识，强调力量、速度、耐力等基础能力对防伤防病和提高运动成绩的意义，避免运动员只重视技术训练，忽略身体能力。	科学合理地进行训练安排，不急于求成而盲目追求更高、更快、更强。

如何培养正确的运动逻辑

培养正确的运动逻辑，知道从何开始、如何开始是防伤防病、可持续运动，从而保持健康的第一步。

正确的运动逻辑，正如体能训练金字塔中所展现的次序：

首先，要对关节功能进行评估，保证各处关节处于适合运动的状态。

其次，在确保没有关节功能异常的情况下，学习正确的动作模式，以免重复训练错误动作，比如在力量训练之前，先进行动作模式的学习，在长跑运动之前，先学习正确的跑姿。

最后，对于训练目标明确而坚定的人，为了防止长时间训练对关节造成磨损，还要预先加强各个关节附近的肌肉力量，保护好身体的各个部分。

在正式进入针对性目标训练前，这三个步骤可能要耗费2～3周的时间。很多人都会觉得花费这么长时间不值，因为花费这段时间所带来的外在目标收益并不那么明显。比如对于以减肥或增肌为目的的人来说，在这2～3周的时间里，如果直接开始跑步或力量练习，会显得更有针对性。

但实际上，在运动训练中"不走弯路即是捷径"，我们追求的不是短暂变瘦或变强壮，没过几天就回到原样，我们要追求长期让自己的身体处于最佳状态，长期让自己的身材处于完美状态，而这只有通过终身训练才能做到。在前期的准备阶段，我们秉承"以学代练，边学边练"的原则，一方面强调提高身体功能，以助于实现后期的轻盈灵活；另一方面重视动作质量、规范，以助于实现后期的最优发力。尽管在准备阶段由于运动负荷较小可能起不到立竿见影的效果，但这给了身体一个缓慢的运动适应过程，避免了直接进行高强度训练的痛苦和损伤风险，也更有利于养成运动习惯，享受运动过程，实现终身训练，保持健康和完美的身体状态。

　　运动损伤是破坏终身训练习惯的最大元凶，所以在运动开始之初培养科学合理的无伤害运动习惯就尤为重要。按照体能训练金字塔的逻辑，虽然花费了几周的时间做准备，但只有如此才能真正帮你达到长久可持续的训练状态。

正确的动作
开始运动的前提

我们一直在强调正确的动作，那究竟什么是正确的动作呢？一般来说，我们会从以下三点去判断一个动作是否正确。

一是从解剖角度看，是否符合关节结构特点。

二是从动作幅度看，能否刺激到目标肌肉，以实现利益最大化。

三是从动力链角度看，能否满足关节功能表现的需求，高效、顺畅地完成发力过程。

只有同时满足以上三点时，我们才能说这个动作是正确的。

解剖角度：是否符合关节结构特点

动作符合关节结构特点是正确动作的前提，有很多错误动作也是能顺畅发力的，并且肌肉也会有明显的刺激感，但如果不符合关节的结构特点，重复这样的错误动作越多，损伤风险就越大。

比如做深蹲动作时，很多训练者在发力站起时都会不自觉地膝关节内扣，在一次次完成深蹲的过程中，已经不断加重了对膝关节的损耗。从解剖学角度分析，膝关节只有在矢状面上做屈伸运动才能顺畅地发力，而在膝关节内扣时，股骨会在胫骨平台上发生扭转，此时不仅股骨会研磨膝关节内的软骨，而且会对膝关节附近的韧带造成较大压力，加剧疼痛及损伤的风险。所以，为了避免这类运动损伤，在下肢训练中应强调膝关节对准脚尖方向屈伸。

再比如，在跑步时如果呈现外"八"字脚、内"八"字脚或膝关节不稳的状态，虽然也能往前跑，但由于发力不协调，不仅跑速难以提高，还容易导致踝关节、膝关节等处伤痛。跑步是向前的运动，要求主要的受力关节角度都朝前，脚尖必须要向前，而膝关节只有对准脚尖方向才属于在正位发力，所以膝关节也必须朝前，否则脚踝或者膝关节就是扭曲发力，就会产生伤痛，这就是从解剖结构角度看问题。

专业特供

举重

高水平举重选手从下蹲状态发力站起时，需要从髋膝联动的角度分析具体动作，膝关节不一定全程对准脚尖。

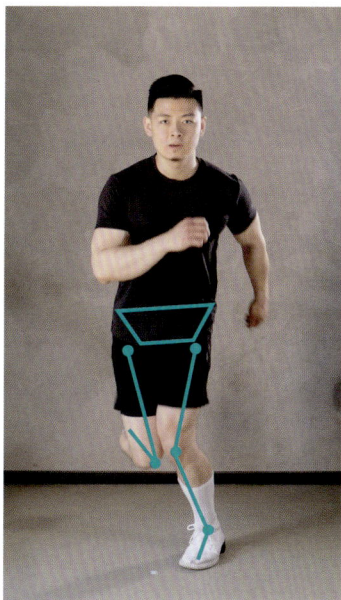

不正确的跑姿会对身体各个环节造成额外压力

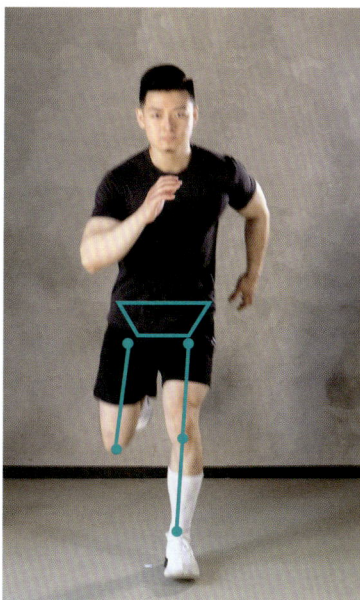

标准跑姿让我们跑得更远、更快、更健康

人体的每个关节都有其特定结构，结构决定功能。顺势为之，运动效益高，损伤风险低；反之则会产生疼痛及损伤。

动作幅度：能否最大化刺激目标肌肉

我们做俯卧撑时，用俯卧撑架做就会感觉比在平地上做更难，可是到底难在哪里呢？实际上，这是动作幅度发生了变化。用俯卧撑架做时，身体能下沉到更大的幅度，胸大肌被拉长的幅度远大于在平地上做，推起时胸部肌肉的运动轨迹更长，做功自然也比从平地撑起要多，所以用俯卧撑架做俯卧撑能对胸部肌肉产生更好的刺激效果。

即使同类型的动作，动作幅度不同也会直接使靶肌肉运动范围不同。大幅度的动作刺激更全面、范围更广，但由于运动轨迹较长，所以动作速度相对较慢，能承受的重量也较轻；而且大幅度动作需要专注于整体发力，对局部肌肉的刺激相对较小。小幅度的动作虽然运动轨迹短，但动作速度快，承重能力强，对局部肌肉的刺激也相对较大。选择合适的动作幅度，要充分考虑训练目标以及自身条件，没有错误或正确的动作幅度，只有能否最大限度地服务于训练目标的动作幅度。

标准俯卧撑的
胸大肌拉长幅度

撑架俯卧撑的
胸大肌拉长幅度

比如，全幅度深蹲vs起跳预蹲。

深蹲：折叠幅度大，动作快，
　　下肢肌肉刺激全面

起跳预蹲：折叠幅度小，动作快，下肢肌肉刺激偏局部

　　如上图所示，全幅度深蹲动作中，下肢髋、膝、踝三处关节的运动幅度大，折叠轨迹长，所以在动作中能充分拉开臀部及大腿前侧肌肉，刺激整个下肢；在起跳预蹲动作中，为了跳起时更顺畅地发力，减少了动作幅度，虽然关节运动轨迹变短，肌肉伸展不充分，却能更快速地完成起跳动作，提高了动作效率，这反而成为了起跳时的首选动作。

　　因此，在力量训练中，负重深蹲成为力量和肌肉训练的首选动作；而由于浅蹲更能模拟跳跃的实际状态，成为很多运动员快速爆发力训练和弹跳专项训练的首选动作。所以，没有什么好动作或"王牌动作"之说，最好的动作就是能帮你实现训练目标的动作。

动力链：能否满足关节功能和顺畅发力的需求

动力链是指在运动中人体的力量传导链条，一般在多关节参与的动作中显得更重要，在后面的内容中我们会细说究竟什么是动力链，现在我们仍以跑步这个全身参与的动作为例，看一下正确的跑姿在动力链层面的意义，以此了解动力链的基本概念。

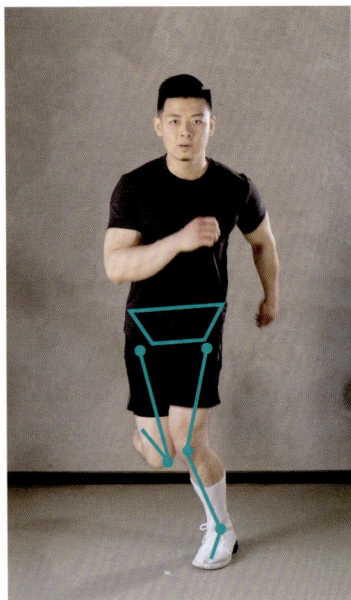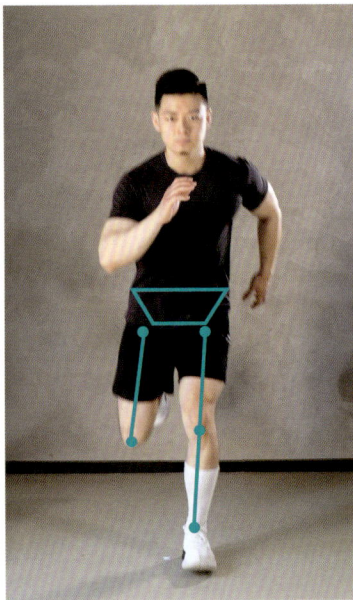

错误跑姿   正确跑姿

从动力链的角度出发，正确的跑姿一定是能满足关节功能表现的需求。我们可以通过以下要点进行自测，判断自己的跑姿是否正确。

1. 下半身自测

（1）脚尖是否向前，踝关节是否正直；

（2）膝关节是否与踝关节在同一平面、同一方向；

（3）髋关节是否稳定，不存在明显旋转与扭动。

2. 上半身自测

（1）躯干是否正直，没有弯腰驼背或左摇右晃；

（2）手臂是否前后摆动，而不是左右摆动；

（3）头部是否始终稳定，没有随着步伐而晃动。

当你自测的答案全部为"是"时，恭喜你，你掌握了正确的跑步姿势，关节功能在跑步时表现正常，能高效、顺畅地完成跑步动作，所以你暂时可以放心大胆地去跑步了。现在我们都知道了什么是正确的跑姿，那错误的跑姿是怎么造成的呢？我们从动力链角度来解释。

人体跑动的过程是一直向前的，而脚的方向决定了地面给人体反作用力的方向，当脚尖方向是笔直向前的正方向时，意味着地面给人体的反作用力是向前的推动力，这时候我们能自然地向前行进，反之，如果脚尖方向不是正前方，而是向外（外"八"字）或是向内（内"八"字），虽然也能向前，但此时必定配合着扭曲的膝关节或髋关节，这些关节都不在正确的运动位置上，在扭曲中重复着错误的动作，最后导致疼痛产生。

人体是一个联动体，一个地方歪了，其他地方就要补偿回来。如何判断自己的动力链是错还是对，它又是怎么影响我们的运动过程的呢？在下一节的动力链模型中，你会看到究竟什么是动力链，正确的动力链应该是什么样子，它有没有规则可以遵循。

动力链模型
关节排列与发力次序

    动力链是指在复合动作中的动力传导链条，主要表现为复合动作中的关节结构排列和发力次序。完美的关节结构排列表现为在运动中各个关节排列合理，不存在局部承担过大压力的情况；完美的发力次序表现为在运动中以靠近躯干的近端大肌肉群带动远离躯干的末端小肌肉群进行发力，实现快速释放与鞭打效应，最终表现出高效的发力形式。

    运动中的完美动力链是指关节结构排列符合人体解剖结构和运动生物力学原理，能最大限度地减少身体的损伤风险；同时能够高效地对抗外力，展现最优发力能力，帮助我们更好地使用身体。只有同时具备完美的关节结构和发力次序，才能被视为完美的动力链。

教练有话说　动力链是一个中性词，动力链有正确和错误之分。我们要想养成科学的运动习惯，要想获得更优秀的运动表现，前提是给自己的动作建立正确的动力链。

上肢做前推或上推动作时的上肢推链

水平推之站姿前推
最佳状态：支撑稳定，力线与阻力重合

竖直推之杠铃推举
最佳状态：支撑稳定，重物重心与
身体重心重合

上肢做后拉或下拉动作时的上肢拉链

水平拉之钢线划船
最佳状态：支撑稳定，力线与阻力重合

竖直拉之引体向上
最佳状态：躯干稳定，小臂与躯干平行

下肢做主动下蹲或屈腿动作时的
下肢弯曲链

下蹲
最佳状态：腰背挺直，髋、膝同时屈

下肢下蹲后蹬直或跳起时的
下肢蹬伸链

跳起
最佳状态：腰背挺直，髋、膝同时伸

躯干旋转时的对角旋转链

旋转抛球
最佳状态：躯干正直，全身协同旋转

躯干后伸链和前屈链

后伸　　　　　　　　　　　　　前屈

　　上述是存在于单一的推、拉、旋转动作中的基础动力链，每个动力链都表现了该动作的合理发力次序和关节结构特点。在后文中将会进一步讲解如何利用动力链理论来判断自己的动作是否正确。

　　在复合动作中，即使是不同的动作，也可能有同样的动力链。比如网球的正手击球动作和拳击的后手拳动作，由于它们都是由蹬伸、旋转、鞭打、释放的动作发力次序构成的，在支撑结构和旋转姿态上也几乎一致，所以它们有几乎同样的动力链。因此，很多网球选手采用的爆发力训练手段，对于拳击选手也同样有效。

专业特供

网球　　拳击

教练有话说　简单理解：动力链=关节结构排列+动作发力次序

动力链模型的用法

无论是在单一动作还是在复合动作中，动作的完成都是多关节协作、多肌群参与的结果，有动作就有发力次序和关节排列，就有动力链存在。

网球正手击球

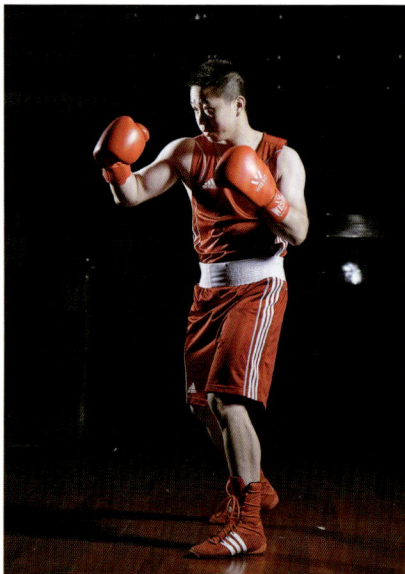

拳击后手拳

动力链基本模型是对一切运动中存在的动力链条基本状态的抽象和归纳，是暂时排除了发力次序的因素，优先反映运动中的人体关节功能分布特点的直观逻辑，主要表现了在遵循解剖结构特点与人体生物力学结构之下，人体各个环节在运动中的完美协同。

通过对动力链基本模型的梳理，可以了解在运动中各个关节应该如何配合，帮助我们完成一个科学无伤且完美的动作。

教练有话说   动力链模型是运动中关节排列呈完美状态的模型，是分析运动中动作正确性的核心思路和方法。

人体的运动总是身体各部位运动与静止的交替变化，比如走路，简单理解就是支撑腿和摆动腿的运动与静止的交替变化。所以在运动中，各个环节的稳定（支撑）能力和灵活（发力）能力是核心能力，而动力链模型展示的正是所有身体环节在运动中所应该承担的稳定（Stable）与灵活（Mobile）特性。

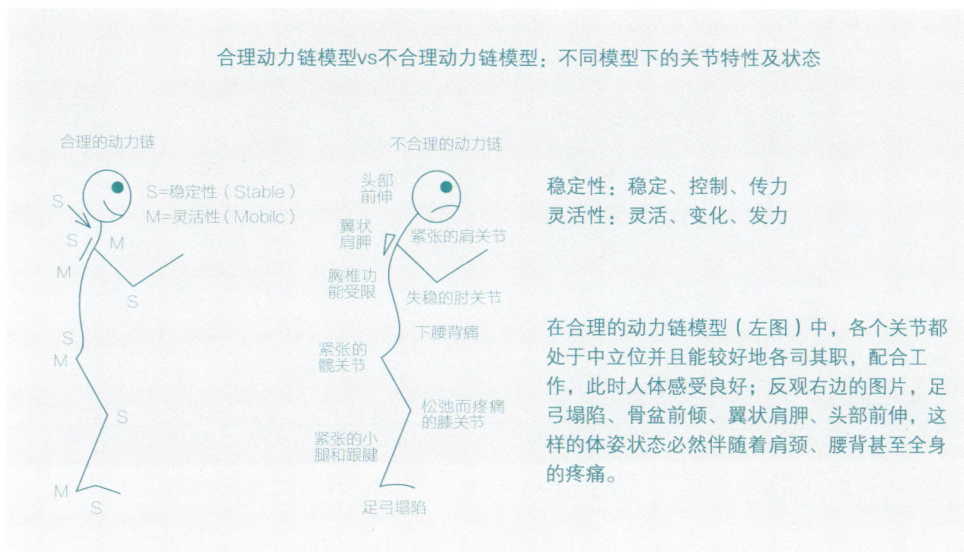

每个关节的特性在运动表现中都会有所偏重，表现为稳定性或灵活性，这主要由关节的解剖结构特点以及具体运动需求来决定。

合理动力链模型中的关节功能表现

一切复杂的运动都是简单动作的组合，而关节则是构成动作的关键环节，关节的正常功能表现是一切运动的基础。基于这一逻辑，训练者在开始训练前进行关节功能评估，排除隐患，是预防损伤、让运动可持续的关键。

因此，要培养科学的运动习惯，了解关节功能的正常状态和异常状态并学会自我评估是第一步。

足弓：属性为稳定性

解剖结构

脚掌骨被各种韧带加固，可活动范围非常小，使人体得到稳定的支撑。

功能属性

足弓是人体与地面的连接，是支撑人体的基石。既然是基石，在功能上就必须稳定。足弓在运动中主要起支撑、稳定的作用。

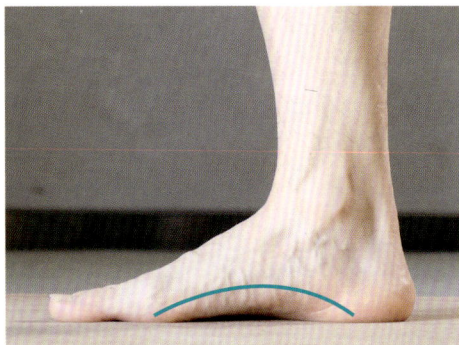

足弓

教练有话说　传统武术里有"脚下生根"之说，很好地表达了足弓在运动中的基本属性，也就是在运动中给人体稳定的支撑，让我们有"根"可依。

脚踝：属性为灵活性

解剖结构

脚踝由三个关节组成，胫腓联合关节、踝关节（距腓关节）、距下关节。其中，主要的运动关节是踝关节和距下关节。

踝关节是一个滑车关节，它的结构决定了它只能做前后方向的运动，如足背屈（勾脚）、跖屈（踮脚）。距下关节位于踝关节的竖直下方，相比于踝关节，它的运动形式除了足背屈与跖屈之外，还包括旋后（内翻）、旋前（外翻）。这两个关节共同作用，使脚踝能够灵活进行多种运动。

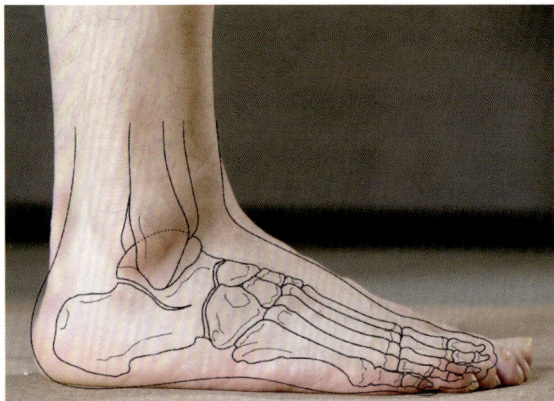

脚踝

✚ 伤痛特供

由于组成脚踝的骨骼以籽骨为主，所以脚踝常常表现得灵活有余而稳定不足，稍不注意就会崴脚。这是因为踝关节的稳定性主要靠关节周围的韧带及肌肉力量来维持，如果力量不足就无法保持踝关节的稳定性。如果发生过崴脚，负责加固关节的韧带就会变得更松弛，无法承担起稳定的任务，不进行训练干预就会产生习惯性崴脚。具体训练方法请看本书"动作篇"中补充训练的小腿训练。

功能属性

脚踝的主要功能是在位移时使人体顺利改变方向。远古人类需要在各种凹凸不平的地面上奔跑跳跃，如果踝关节过于稳定，就好像打了石膏板一样，无法及时根据需求调整运动方向，甚至无法正常触地缓冲。所以，为了适应不同运动界面，顺利地改变方向和自由活动，踝关节必须灵活。

▌膝关节：属性为稳定性

解剖结构

膝关节由股骨下端、胫骨上端和髌骨组成，属于滑车关节。在胫骨平台之上，附着了两块半月板，它们的作用是增加骨与骨的接触面，分散骨骼本身所承受的压力，增加关节面的凹陷程度，如同垫板一样具有较好的固定能力。在运动中，半月板会产生位移，增加了滑液的分布面积，减少骨骼磨损。

膝关节被关节附近的肌肉和韧带包裹，它的运动以矢状面的屈伸为主。它的屈伸与两种运动机制有关：一是滚动，二是滑动。做屈的动作时，股骨下端在关节面上先滚动后滑动，滚动与滑动结合完成动作；做伸的动作则正好相反，先滑动后滚动。

功能属性

膝关节在运动中以稳定性为主，支撑身体，传导力量；灵活性为辅，在特定动作中伸膝发力有两种情况：一是在矢状面上进行前后方向的运动，二是在全身发力的动作中传递力量。

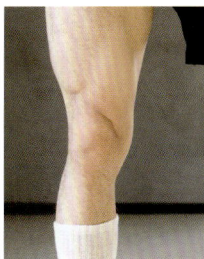

➕ 伤痛特供

膝关节是人体最复杂的关节之一，也是人体损伤风险最高的关节。在运动中，很多人都害怕伤到膝盖，其实避免受伤的方式很简单。一是增加下肢的基础力量，强化膝关节稳定性；二是在动作中避免出现膝盖成锐角的状态，以免形成剪切力，造成损伤；三是在运动中尽量使膝关节与脚尖方向一致，在矢状面进行运动，避免扭曲研磨膝关节及其附近韧带。

应力是指物体由于外因（载荷、温度变化等）而变形时，在它内部任一截面（剪切面）的两方在单位面积上的相互作用力。应力可分解为垂直于截面的分量（称为"正应力"或"法向应力"）和相切于截面的分量（称为"剪切应力"或"剪切力"）。

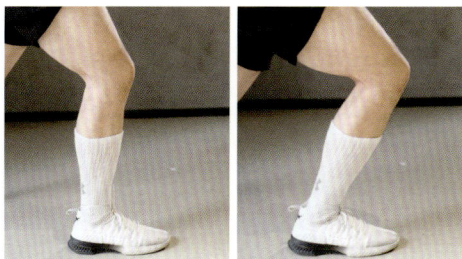

膝关节正面　　　　　　膝盖呈钝角与锐角状态

可能有人疑惑，膝关节如此灵活，怎么属于稳定性关节呢？实际上，稳定与灵活都是相对的，膝关节附近由于有股四头肌的存在，所以它在单关节运动中也能承担较大的压力，具有一定的灵活发力属性。但在全身运动中，最佳的发力次序应该是以大肌肉带动小肌肉，以大关节带动小关节。相对于髋关节来说，膝关节是小关节，加之膝关节活动方向与关节结构的限制，它的活动范围也受到禁锢。所以总的来说，膝关节在运动中是承担稳定与传力的功能，让身体发力更加顺畅。

髋关节：属性为灵活性

解剖结构

髋关节是由股骨头和髋臼构成的球窝关节，由于股骨头的2/3都卡入了髋臼内部，髋关节兼具了灵活性与稳定性，是球窝关节中最典型的杵臼关节。髋关节结构简单明确，活动形式多样，可以进行屈伸、外展、内收、旋内、旋外等多种形式的运动，是人体中较为灵活的关节。接受过专项训练的习武者或跆拳道运动员的髋关节甚至比肩关节更灵活。

功能属性

髋关节后方有强大的伸髋肌群（臀大肌+腘绳肌），能产生巨大的力量，伸髋动作也是人体走、跑、跳及各类运动的基础能力，所以髋关节在动力链中的地位不仅仅是一个灵活关节而已，更是人体的发力核心、力量源泉。

髋关节与骨盆解剖图

脊柱

解剖结构

脊柱是由骨骼组成的管状结构，是躯干骨骼的一部分，由上至下分为颈椎、胸椎、腰椎、骶椎、尾椎五段。无论从正面还是背面来观察脊柱，我们都能看到它的椎骨自上而下逐渐增大，而这一生理结构特点也决定了脊柱的活动度自上而下逐渐变小。

脊柱的运动是各椎体的运动叠加，能够完成前屈、后伸、旋转、侧倾等动作。

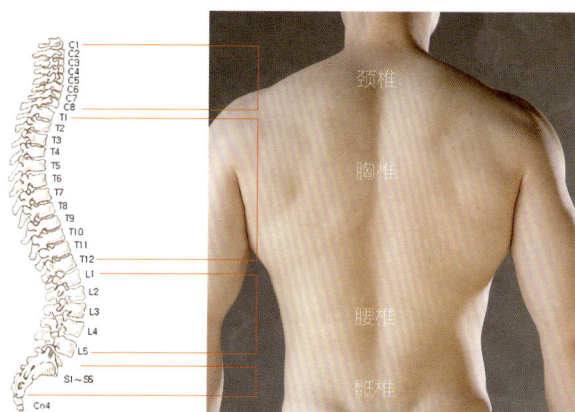

脊柱侧面解剖图与人体相应位置图

脊柱侧弯示意图

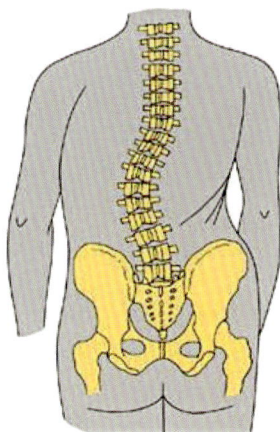

➕ **伤痛特供**

脊柱运动的可塑性非常强，每个人由于运动习惯和运动水平不同，脊柱所表现出来的活动度差距巨大。活动度过大或过小都并非好事，过大的活动度可能意味着松弛的韧带或无力的肌肉；过小的活动度则可能是由于肌肉的紧张以及弹性的缺失，这些都存在较大的损伤风险。另外，由于脊柱超强的可塑性，在少儿时期如果不注意正确姿态的培养，常常会造成驼背、脊柱侧弯等骨骼问题。

功能属性

脊柱贯串整个躯干，上接头部、下接两腿。在判定脊柱的功能属性时，要将脊柱分成腰椎骨盆段、胸椎段、颈椎段三段来看。

▎腰椎骨盆：属性为稳定性

解剖结构

腰椎骨盆比较厚重宽大，比其余两段活动范围小，结构相对稳定。

功能属性

对于上半身来说，腰椎骨盆是上半身一切运动的基石，是为包括胸椎在内的上肢结构提供稳定运动表现的基础；对于下半身来说，腰椎骨盆是力量传导的核心，在全身动作中，下肢蹬伸的力量只有在腰椎骨盆区域稳定的前提下才能传导到上肢，从而达成完美的发力表现。所以腰椎骨盆在运动中的主要作用是支撑、传力。

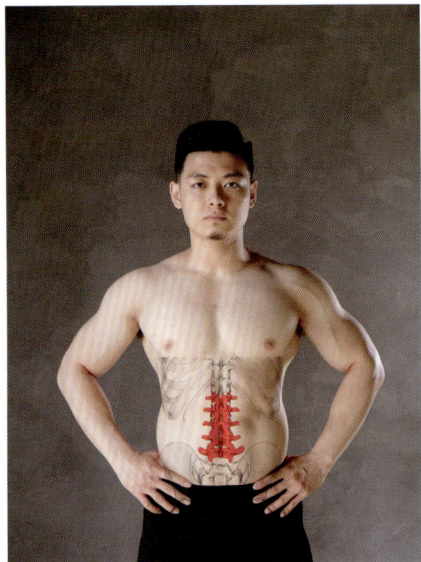

腰椎骨盆示意图

▎胸椎：属性为灵活性

解剖结构

胸椎位于肋骨区域，由12块椎骨组成。胸椎椎体上的棘突向下倾斜，它们互相支撑并限制脊柱过度后伸。相对于腰椎，胸椎椎体较小，横突较短，运动幅度相对较大。但由于胸廓与椎体相连，很大程度限制了胸椎的运动幅度，使得胸椎的灵活度大大低于颈椎。

功能属性

胸椎的灵活性决定了人体的旋转活

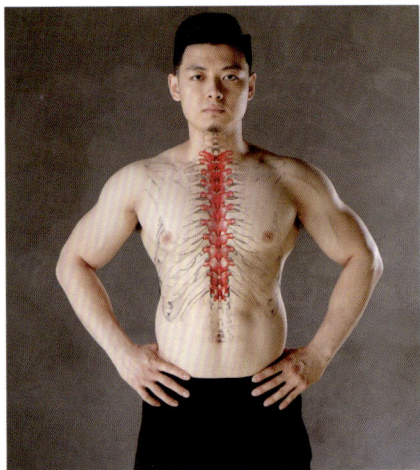

胸椎示意图

动度，在旋转动作中，胸椎是力量通过腰椎传导之后的第一个角速度放大器，在运动中的作用以旋转释放传力为主。

教练有话说　拳击中的摆拳如果只是用手臂力量进行击打，就会显得孱弱，击打效果甚微。要想让拳头快速有力，就必须先用脚蹬地发力，将力量从腰椎传递到胸椎，再通过胸椎的快速旋转将力量释放到拳上，这样打出的拳才能虎虎生风。

▌颈椎：属性为稳定性

解剖结构

颈椎由7块椎骨构成，颈椎的椎体很小，这使得颈椎具有较强的运动性，能完成较大幅度的屈（点头）伸（抬头）及旋转、侧倾运动。从解剖角度来看，颈椎属于灵活关节，头部可以实现180°旋转。

功能属性

虽然颈椎的活动范围比较大，但在动力链中，颈椎的属性是稳定性。颈椎连接着头部，头部的前庭觉主导身体对空间位置的感知，通过感知空间位置的

颈椎示意图

变化调整身体的平衡状态，从而影响运动表现。在运动时，只有保持头部的稳定状态才能保证稳定的运动方向，所以颈椎在运动中必须是动态稳定的状态。

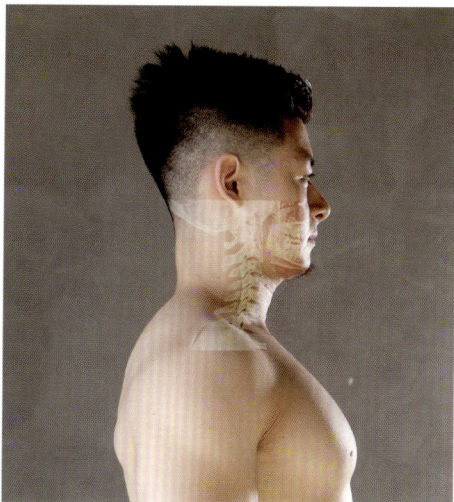

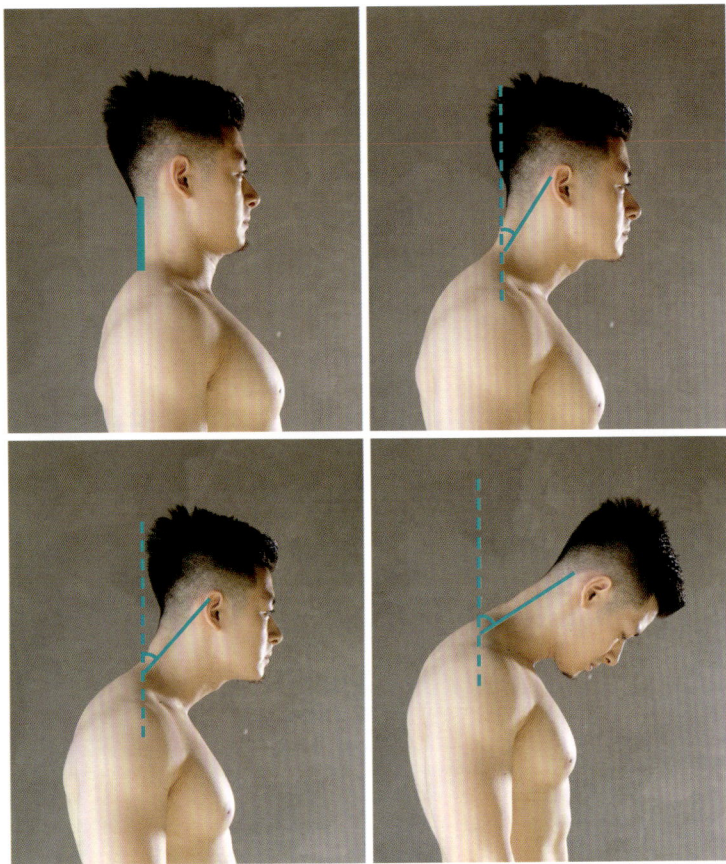

➕ **伤痛特供**

颈椎的细小结构使之具有较大的活动度，但同时也限制了其力量的发展。在手机普及的今天，长时间的头前伸状态给颈部增加的压力使得颈椎曲度变直，颈椎活动度变小，颈椎病日益严重。

前倾角度越大，颈椎承受的压力越大

▌肩胛骨：属性为灵活性+稳定性

解剖结构

肩胛骨是一块三角形扁骨，贴于胸廓后外侧，位于第2至第7肋之间，有两面、三缘和三个角。腹侧面或肋面与胸廓相对，为一大浅窝，称肩胛下窝，背侧面的横嵴称肩胛冈。冈上、下方的浅窝分别称冈上窝和冈下窝。肩胛冈向外侧延伸的扁平突起称肩峰，与锁骨外侧端相接。上肢下垂时经肩胛骨下角所作的垂线为胸部标志线。

功能属性

肩胛骨是上肢动作的起点，必须具备稳定的属性才能保证上肢动作的正常进行。上肢的不同动作有不同的支撑需求，有些动作在耸肩状态下完成能够获得最佳效果，有些动作需要在沉肩、前伸或后缩状态下才能完成，有些动作还要求肩胛骨配合上肢的运动做出一些灵活的转动，而一旦做出来以后，又要求它给上肢提供稳定的支撑，所以肩胛骨在运动中必须是灵活中带着稳定、稳定中透着灵活的功能。

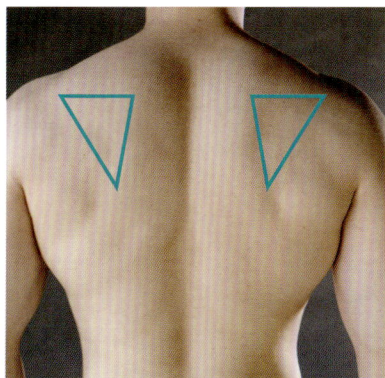

肩胛骨示意图

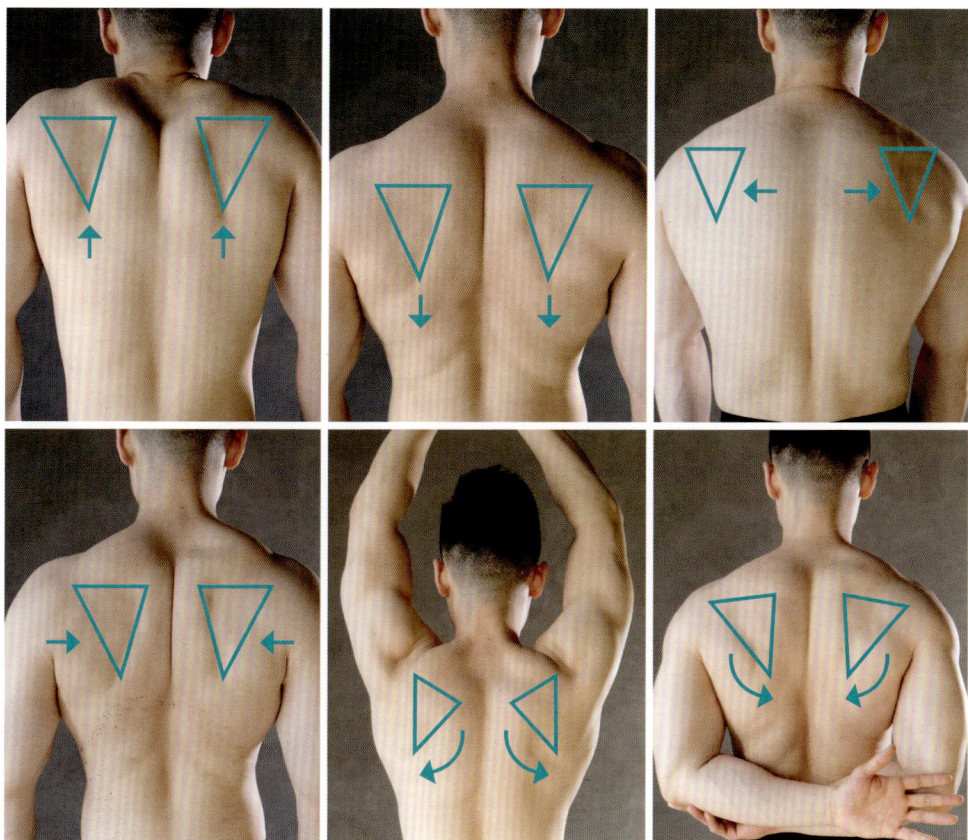

肩胛骨的运动范围

教练有话说　　肩胛骨是一切上肢运动的基础，正常的肩胛骨功能是上肢能进行正常运动的前提。

肩关节：属性为灵活性

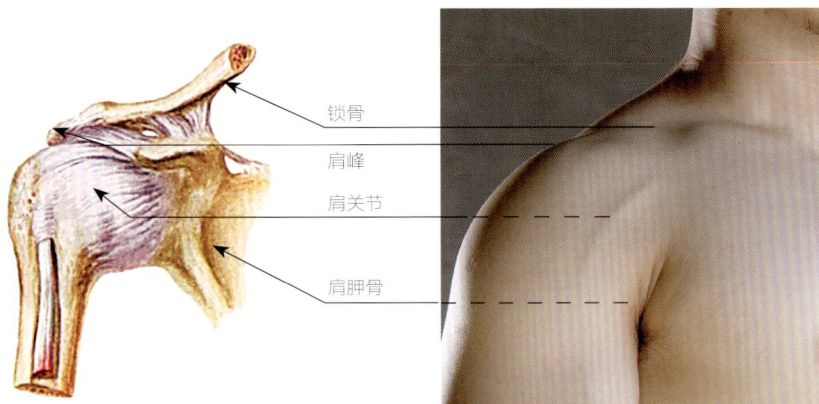

肩关节解剖图与相应身体位置

解剖结构

肩关节由肱骨头与肩胛骨的关节盂构成，是典型的球窝关节。关节盂小而浅，边缘附有盂唇；关节囊薄而松弛，囊内有肱二头肌长头腱；关节囊外有喙肱韧带、喙肩韧带及肌腱加强其稳固性，但关节囊下部无韧带和肌肉，极为薄弱，故肩关节脱位时，肱骨头常常从下部脱出，脱向前下方。

功能属性

肩关节是人体灵活性最强的关节之一，不仅可以进行外展、内收、前伸、后缩等动作，还能进行360°的环绕运动。正是因为灵活，它也是稳定性最差的一个关节。在动力链中，肩关节主导上肢主动发力，在全身发力时起传力与释放力量的作用。

肘关节：属性为稳定性

解剖结构

肘关节是上臂和前臂的连接，是肩关节与上肢功能传递的枢纽，由肱骨远侧端和桡尺骨近端关节面组成。在结构上包括肱尺关节、肱桡关节和桡尺近侧关节三个关节，它们被共同包在一个关节囊内。肘关节是典型的复关节，关节囊前后薄而松弛，两侧紧绷。

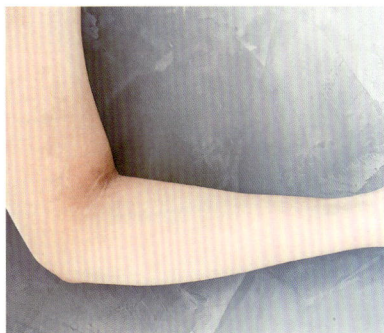

肘关节示意图

功能属性

肱尺关节属于滑车关节，可以做屈伸运动；肱桡关节属于球窝关节，可以做屈伸以及绕关节垂直轴的旋内、旋外运动。肘关节在运动中的功能相当于下肢的膝关节，运动轨迹有限，只能以屈伸角度自如地运动，侧面被韧带以及尺骨鹰嘴所控制，无法完成更多方向的运动。

腕关节：属性为灵活性

解剖结构

腕关节是由多关节组成的复杂关节，包括桡腕关节、腕骨间关节和腕掌关节，三个关节都相互关连（除拇指的腕掌关节外），统称为腕关节。从狭义上看，腕关节是指桡骨下端与第1排腕骨间的关节（豌豆骨除外），即桡腕关节；但从功能上看，腕关节实际应包括桡腕关节、腕骨间关节及桡尺远侧关节，它们在运动上是统一的。腕关节是承担上肢功能的主要部位，在日常生活中很容易引发损伤。

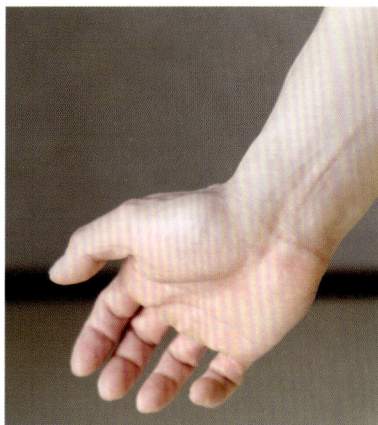

腕关节示意图

功能属性

腕关节能进行屈伸、旋转等多角度的运动，是人体中比较灵活的关节。在上肢运动中，腕关节是力量最终的释放体，起到传力并释放的作用。

关节的解剖结构特点决定了各个关节在动力链中所应该表现的正确功能，我们已经了解了各个关节在运动中的正确表现应该是什么样子，下面我们继续学习如何判断关节功能是否出现了异常状态。

关节功能异常的排查

本节内容将帮助大家了解关节功能异常有哪些表现，从而进行自我排查。

酸软无力

酸软无力的情况常常出现在膝关节或踝关节等下肢关节。在日常生活中感觉酸软，在运动中则无法保持支撑状态，甚至容易产生崴脚或扭伤膝盖的情况。

在排除外部损伤因素的前提下，膝部及踝部的酸软无力感一般都是由于长期缺乏运动导致力量不足，或是运动一段时间后骤然停训导致力量衰退，从而无法满足下肢的支撑功能。

最简单的康复办法就是针对无力的关节做单关节力量训练（本书"动作篇"中介绍了不同部位单关节力量训练的具体方法）。

刺痛

刺痛一般发生在运动过程中，感觉像针扎般难以忍受，一旦停止运动，刺痛也就消失了。比如跑步时感觉膝关节前侧有针刺感，或是做上推动作时肩部有明显刺痛感等。

刺痛产生的原因比较复杂。一般情况下，如果停止运动则刺痛消失，可能是由于局部肌肉紧张短缩，导致肌肉起止点附近关节结构产生位移摩擦引起的。此时建议暂停运动，放松刺痛区域的肌肉。比如慢跑时膝关节前侧疼痛，则建议对股四头肌的股直肌进行拉伸及按摩，使紧张的股四头肌恢复初始长度，恢复髌骨的正常位置，避免磨损产生的刺痛感。

如果即使停止运动，仍然感觉到持续性或放射性的刺痛，比如在日常上下楼梯时膝盖持续刺痛、搬重物时肩部刺痛，则可能已经产生了炎症。这种情况单靠拉伸放松等手段已经难以缓解，建议及时就医诊断，以免耽误治疗。

总之，刺痛的产生意味着已经产生炎症或即将产生炎症，此时必须停止运动，进行处理，以免恶化。"无痛训练原则"是在训练中必须坚持的。

关节弹响

有时我们会刻意把手指关节掰响，在下蹲或抬臂时膝关节或肩关节也会偶尔发出响声，这些都是关节弹响的表现。

关于关节弹响，有一派理论认为，弹响是由于骨骼间气泡的破裂而产生的，一旦气泡全部破裂，即使刻意为之也很难再次产生响声。比如指关节弹响，第一次按压时声音一般十分清脆，但随后第二次按压则很难再产生清脆的响声。另一派理论认为是骨骼间的摩擦引起弹响。弹响大部分发生在运动的开始阶段，运动一段时间或重复运动之后弹响就会自然消失，所以如果有弹响而无痛感，可能是准备活动不足、关节附近韧带比较紧张而引起的骨骼摩擦的响声，建议准备活动做充分或对关节进行放松之后再进行训练。

虽然对弹响的解释不同，但有一个观点是被学界完全认可的，那就是只要弹响时不伴随疼痛，就不需要太担心，多属于生理性弹响，基本不会有不良影响。

| 教练有话说 | BBC有一部纪录片，讲的是一名外国科学家持续60年掰响一只手的手指，而另一只手的手指则不干预，60年后两只手都非常健康。 |

不过，如果弹响时伴随痛感，尤其是刺痛，那就可能是病理性弹响了，此时建议及时就医诊断，以免耽误治疗。

主动活动幅度受限

简单地说，主动关节活动幅度受限就是自行运动时活动度无法达到正常的动作幅度。比如向前抬手时，有些人只能抬起90°甚至更小的角度后无法再向上抬了，而正常抬起的角度应该能达到180°甚至更大，这就是肩关节活动幅度受限的例子。

引起关节主动活动幅度受限的最主要的三个原因如下。

（1）长期不运动导致关节活动幅度绝对下降。这种情况在腰部最常见，很多人由于久坐少动的生活习惯，导致腰部前屈、后伸等基本动作都难以完成。这类问题并非一朝一夕产生的，需要较长的康复时间，简单的康复方法就是每天进行3~5次、每次10~15分钟的专门性放松运动，一般2~4周能有明显缓解。

（2）短期活动不足导致关节活动幅度临时下降，这类情况常常发生在停训后一周左右，再次开始训练时会感觉身体僵硬紧张，关节活动幅度明显下降。比如坐姿体前屈动作，原本不能摸到脚尖的训练者，经过训练能摸到脚尖后，如果停止一周不进行任何运动，再进行体前屈测试时一般都会退回到原来水平。

无疼痛、损伤或旧伤因素导致的活动幅度临时下降，建议恢复训练并通过按摩、拉伸、泡沫轴滚动等方法进行放松，且每日都要进行才能有效。

（3）损伤导致局部关节活动幅度变小。由于拉伤、摔伤或开放性伤口等损伤导致的活动幅度受限，受伤之后，在恢复后期如果不及时对肌肉和韧带进行牵拉，以恢复肌肉的活动度，那么即使在疼痛消失之后，关节的活动范围也会缩小，导致关节功能受限。建议找物理治疗师或体能康复师进行专业康复训练，恢复肌肉初长度，增加关节活动度；如果是由于疼痛，尤其是刺痛以及发麻导致的活动幅度受限，建议及时就医诊断，以免耽误治疗。

不稳定感

不稳定感主要发生在运动过程中，比如在落地的瞬间或是需要急速改变方向的瞬间，下肢需要支撑的时刻，关节晃动或感觉撑不住，使人体产生恐慌感。不稳定感发生的主要原因：一是关节附近韧带的松弛以及关节周围肌肉力量的缺乏，二是本体感觉的缺失。

如果是由于关节周围力量缺乏导致的不稳定感，建议采用单关节训练为主要训练手段，加强关节周围的肌肉力量；如果是由于本体感觉缺失导致的不稳定感，建议在每天的训练计划中增加单腿闭眼站立、不稳定界面的单侧支撑等训练（具体方法见本书"动作篇"的下肢单侧支撑训练）。

小结

　　磨刀不误砍柴工，了解关节的解剖结构、功能属性及运动中的动力链特点，掌握了正确动作的基本要求，并将这些基本知识牢记在心，能在训练中帮助我们更好地理解动作。比如在复合动作中更好地理解发力次序，会让我们取得更具针对性的训练效果。

　　虽然每个人的骨骼结构和肌肉能力都存在差异，但只要遵循"符合关节结构特点""达到训练效益最大化""发力形式经济合理"这三个原则，一切训练动作都可以随意创造或改善，只要你想得到，能感受到效果，只要你能给出正确合理的解释，这个动作就没有问题，就是最适合你的完美动作。

　　在后面的内容中，我们会以动力链为基础，以解剖为核心，以肌肉的功能为重点进行讲解，帮助大家针对身体各个部位的特性，掌握正确的训练方法，科学合理地安排训练。

动作篇

功能性导图

五大动作模式与训练图解

　　在前文中我们已经了解了"一切复杂的运动都是简单动作的组合"这个最基本的逻辑，换句话说，所有的复杂动作都能简化为一个或若干个简单动作。比如跳跃就是下肢弯曲加蹬伸，投铅球就是躯干后伸加上肢推，再比如把足球踢出去的这个动作就是支撑腿的稳定支撑和摆动腿的后伸加前屈。

　　为了更加便利地掌握动作，我们把具有同样动力链特点、主要参与肌群相同、发力环节和动作次序近似的徒手动作归纳在一起加以提炼，就得到了基础动作模式。

　　基础动作模式是对组成复杂动作的简单动作的抽象归类，是对同类型的训练动作进行整合归纳而得到的代表性动作模式。对于训练者而言，进行基础动作模式的学习不仅能更好地理解训练动作，掌握正确的发力次序，还可能在后期的高水平训练动作学习中进行快速迁移，提高整体学习效率，使训练简单高效，降低健身门槛。

　　比方说，在进行胸部训练时，我们可以选择卧推这种器械训练方式，那么没有器械的时候，可以用什么徒手动作来代替呢？从基础动作模式的角度分析，会选择俯卧撑，因为卧推和俯卧撑这两个动作都属于上肢水平推，运动方向都是往水平方向推出；主要参与肌肉都是以胸大肌为主、三角肌和肱三头肌为辅；在发力次序上，都需要以肩胛骨为稳定基础，在伸肘启动后做大臂在肩关节处内收的动作才能完成整个动作。所以，俯卧撑可以成为卧推的最佳替代训练方式，这就是基础动作模式提供给我们的方法。

　　掌握了动力链理论和基础动作模式构成，即使面对纷繁复杂且日新月异的训练动作，我们也不会被迷惑。我们将能清晰地分辨出任何同类型动作变式，准确找到符合自己训练需求的动作，摒弃为了创新而创新的同质化内容，练就看穿训练本质的"火眼金睛"。

　　本书将训练中最常见、使用频率最高的动作进行抽象，将基础动作模式分为"屈髋动作模式""下肢双腿动作模式""下肢单侧动作模式""上肢推动作模式""上肢拉动作模式"五种。健身者通过对这五种基础动作模式的学习，在徒手训练中培养对身体的感知和控制能力，可以学会如何更好地使用身体，之后再将训练要点迁移到大部分健身训练动作中，从而能够高效地完成训练。

屈髋动作模式

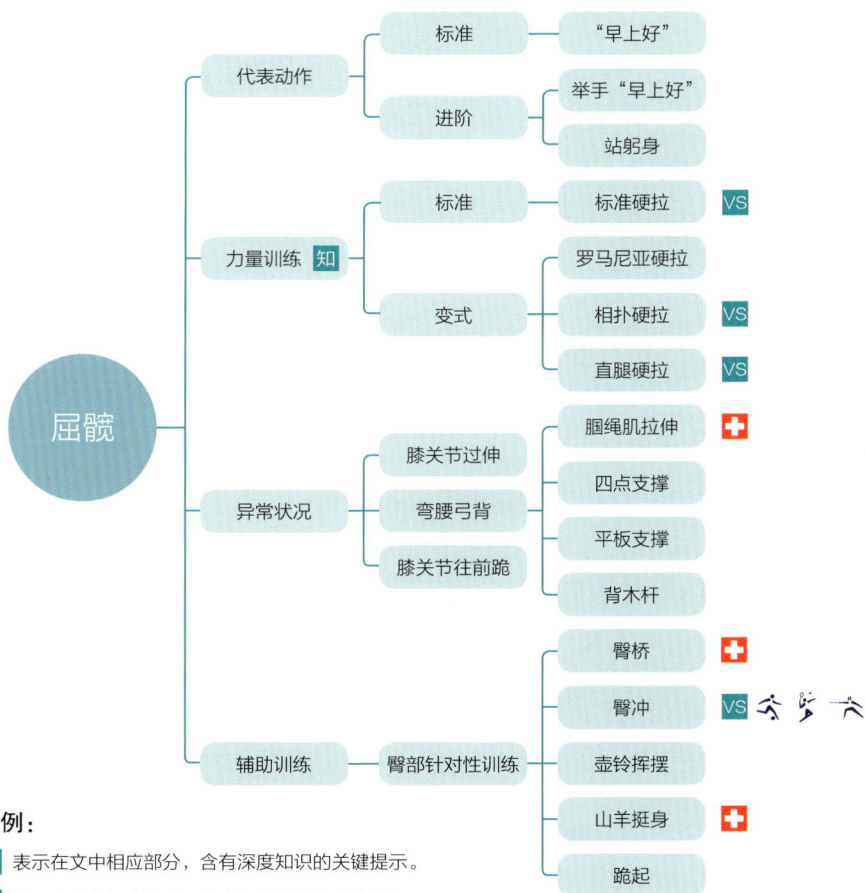

```
                                    ┌─ 标准 ───────── "早上好"
                    ┌─ 代表动作 ────┤
                    │               │               ┌─ 举手"早上好"
                    │               └─ 进阶 ────────┤
                    │                               └─ 站躬身
                    │
                    │               ┌─ 标准 ───────── 标准硬拉 [VS]
                    │               │
                    ├─ 力量训练 [知] ┤               ┌─ 罗马尼亚硬拉
                    │               └─ 变式 ────────┼─ 相扑硬拉 [VS]
                    │                               └─ 直腿硬拉 [VS]
   屈髋 ───────────┤
                    │               ┌─ 膝关节过伸 ─── 腘绳肌拉伸 [+]
                    │               │                 四点支撑
                    ├─ 异常状况 ────┼─ 弯腰弓背 ──── 平板支撑
                    │               │
                    │               └─ 膝关节往前跪 ── 背木杆
                    │
                    │                               ┌─ 臀桥 [+]
                    │                               │
                    └─ 辅助训练 ──── 臀部针对性训练 ─┼─ 臀冲 [VS] 🏃🏃🏃
                                                    ├─ 壶铃挥摆
                                                    ├─ 山羊挺身 [+]
                                                    └─ 跪起
```

图例：

[知] 表示在文中相应部分，含有深度知识的关键提示。

[VS] 表示在文中相应部分，含有相似动作的对比选择。

[+] 表示在文中相应部分，含有预防伤痛的注意或康复训练的方法。

🏃 表示在文中相应部分，含有专业专项运动的训练提示。

屈髋这个动作一般有两种表现形式：一种是上半身保持稳定，大腿在髋关节处弯曲，比如前踢腿动作；另一种是在双腿稳定支撑、上半身腰背挺直的情况下，完成髋关节铰链动作。

我们所说的屈髋动作主要是指双腿稳定时以髋关节为轴中枢的上下半身折叠，也就是髋关节铰链动作。

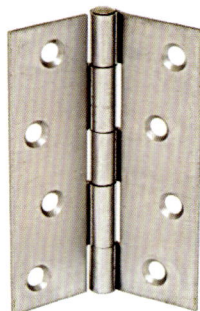

铰链

教练有话说

铰链就是我们常说的合页结构。之所以屈髋动作会被称作铰链动作，主要是由于在标准的屈髋动作中，上半身和下半身都必须要像合页一样坚固稳定，而髋关节则要像中枢结构一样灵活，整个动作过程就像合页的开合一般，上半身和下半身以髋关节为轴进行屈伸运动。

屈髋模式代表动作："早上好"

▌动作目的

健美意义

"早上好"动作主要刺激臀部及大腿后侧，强化臀部肌肉，预防由于运动过少而导致的臀部下垂，是女性居家进行翘臀训练的最佳选择。

功能性

首先，屈髋动作模式是硬拉的基础，也是所有需要俯身完成的动作的基础，它的最大功能性是加强伸髋力量，掌握臀大肌发力诀窍，帮助我们增强下肢力量。其次，对屈髋动作模式的学习和训练能为一切俯身位的训练动作打基础、做准备。

标准

早上好

参与肌肉：臀大肌、腘绳肌、大收肌、竖脊肌。

说明：图中箭头表示关节将要进行的运动方向。比如下图中，箭头表示臀部即将向后完成屈髋动作。

初始

1 双脚与髋同宽，脚尖朝前。
2 腰背挺直，下巴微收，后脑、胸椎、骶骨三点成一条直线。
3 双手抱耳。

俯身

4 小腿保持稳定，膝关节微屈，同时臀部向后伸，俯身前倾。
  躯干达到与地面平行是最优动作，但须以腰背保持挺直为前提，不可强求前倾幅度。
5 屈膝要对准脚尖方向，不能超过脚尖。最低位置时，膝关节的垂线在足中正上方。
  想要更好地刺激腿部后侧，膝关节要及时锁定，尽量少参与发力。

俯身

还原

6 双脚蹬地，同时臀部向内收紧，感觉臀大肌的收缩。

7 逐步将身体竖直，肩胛骨后缩。

8 直立时呈夹臀、锁腰、夹背、挺胸的状态。

切记躯干不能过于主动上抬。臀大肌的主要功能之一就是在下肢固定时使躯干后移，所以必须由臀部主导，利用下肢蹬伸的力量使身体直立，才能最大限度地刺激臀大肌，达到最佳训练效果。

呼吸：俯身时吸气，抬起时呼气助力。

教练有话说　在"早上好"动作中，把髋关节想象成门轴，下半身是"墙壁"，上半身是"门"。屈髋伸髋的过程就像关门、开门一样，躯干是一个刚体，下肢完全稳定，动作一旦开始，上肢和下肢不能发生任何形式的变形。

进阶

举手"早上好"

　　进阶目标：双手上举过头时会增加对上背部肌肉的刺激，帮助我们在一个动作中练到整个身体后侧，更高效率地训练。

　　难点：若上肢力量不足，则很难始终保持手臂与身体在同一平面。

　　建议：先屈臂进行，熟练动作后再逐步把手伸直甚至负重。

站躬身

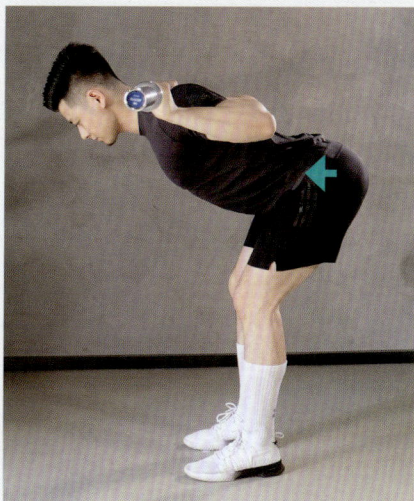

　　进阶目标：将重物扛在背上，增加了训练负荷和训练强度，能对竖脊肌起到较好的刺激效果，预防产生腰痛等功能异常状况；同时增加对臀大肌和大腿后侧的刺激感，强化臀腿。

　　难点：必须保证背部的中立位，否则会有腰伤风险。

　　建议：要在完全熟练掌握"早上好"动作之后才能负重，不可操之过急。

屈髋模式力量训练：硬拉

硬拉就是屈髋动作模式负重之后的力量进阶，基本动作要求和"早上好"一样，但由于负重程度提高，能够更好地刺激臀部及大腿后侧伸肌肌群，帮助我们增强伸髋力量，提高爆发力，同时塑造完美的臀腿形态。

> **深度知识**
>
> 伸髋力量是指人体将弯曲的髋关节展开的力量，主要有两种表现形式：一是在下肢固定时将躯干伸直的能力，比如把腰杆挺直。很多人总是习惯性地含胸弓腰，并常常伴随着腰背疼痛，除去病理性的原因，主要就是由于腰背部力量不足导致的。而提升腰背部的肌肉力量，恰恰是硬拉的一个主要训练目的，所以硬拉对于预防身体佝偻及腰背疼痛效果显著。二是在上半身稳定时，单腿向后蹬出的能力，这项能力和运动息息相关，因为人体要想向前、向上获得加速度，唯一的动力来源就是蹬地推进的力量，无论是走、跑还是跳，都需要蹬地伸展的力量来对抗地心引力。另外，有很多人抱怨小腿粗壮不美观，这有可能是天生肌肉形态的原因，也可能是由于不会使用髋关节和臀大肌的力量导致的。我们在走路或跑步的时候，在离地瞬间一定要由扒地动作带给我们前进的动力。如果习惯以小腿主导发力带动脚踝扒地，日复一日，小腿腓肠肌必定强壮异常；而如果以髋关节外的臀大肌发力带动小腿摆动扒地，则能大幅减少小腿肌肉的做功。按照前文所讲的动力链理论，由大肌群带动小肌群是较为高效的发力形式，这样走路不仅又快又稳，还能走出完美的腿型呢。

总的说来，硬拉可以分为四大类，其中标准硬拉几乎和屈髋基本动作模式一样。而根据双脚站距以及动作细节的不同，还可以分为站距相对较宽的相扑硬拉，强调离心控制的罗马尼亚硬拉，为美臀而生、完全没有膝关节运动的直腿硬拉等。

标准

标准硬拉
参与肌肉：臀大肌、腘绳肌

抓杠
1 小腿贴杠铃站立，双脚与髋同宽，脚尖朝前。
2 腰背挺直，下巴微收，后脑、胸椎、骶骨三点成一条直线。
3 俯身，双膝微屈，躯干与臀部在同一平面，并试图与地面平行。
4 双臂自然下垂，垂直于地面，双手正握抓杠，双肘肘窝贴住膝

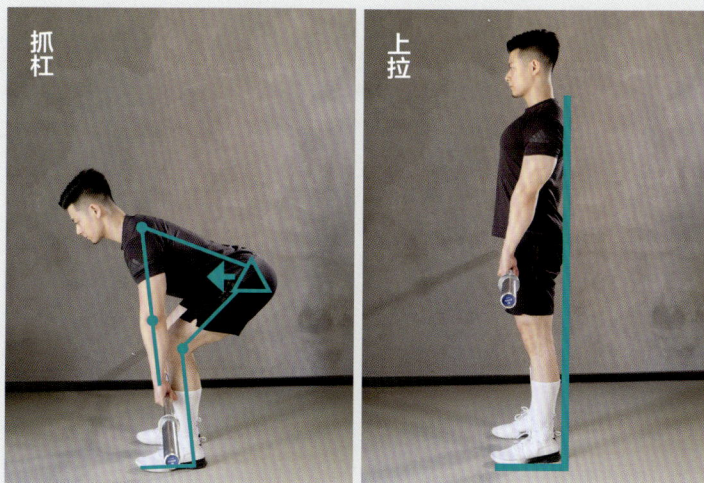

关节并向内挤压膝关节。

上拉

5 重心后移到臀部，双脚蹬地，同时收臀，将杠铃贴小腿向上拉起到身体完全站直，挺胸、锁肩、锁背、收臀，稳定1～2秒，再放下杠铃。

下放

6 俯身下放使杠铃直接落地即可，没有离心控制环节。

7 屈膝要对准脚尖方向，不能超过脚尖。俯身位置时，膝关节的垂线在足中正上方。

8 俯身后，膝关节在保持稳定的前提下，向外打开与双肘互为依靠。

呼吸：下放时吸气，上拉时呼气助力。

▍动作选择

　　标准硬拉一般用来发展下肢的最大力量，练习负荷一般采用你所能拉起最大重量的85%以上，这时候你能拉起的次数至多为6次，这个负荷称为6RM（最大重复次数）。由于负荷很大，你需要将所有的精力放在发力拉起的过程，强调对抗大负重时的神经募集能力，而并不强调下放过程中的肌肉控制（即离心控制），因此下放过程几乎是自由落体，保持躯干正直、腰背挺直的前提下，不必刻意控制下放的速度，以免浪费不必要的能量，在每次拉起后都会直接放在地上，然后重新调整姿态继续训练。

由于不重视离心控制，标准硬拉对改变肌肉围度和形态的效果一般，所以比较适合有获得最大力量需求的训练者。如果以塑形或增肌为目的，建议选择罗马尼亚硬拉。

变式

罗马尼亚硬拉实际上就是连贯重复的标准硬拉，基本动作一致，但更强调离心动作和肌肉控制，杠铃始终不落地，身体需要持续保持张力，使肌肉得到最大的刺激。

标准硬拉由于没有离心控制，所以训练过程中的肌肉疲劳感不会太明显；而罗马尼亚硬拉由于其动作的连贯性及持续张力，肌肉会有酸胀、疲劳等感觉，是用于增大臀部以及大腿后侧肌肉围度和塑形训练的首选。

罗马尼亚硬拉：标准硬拉的连续版本

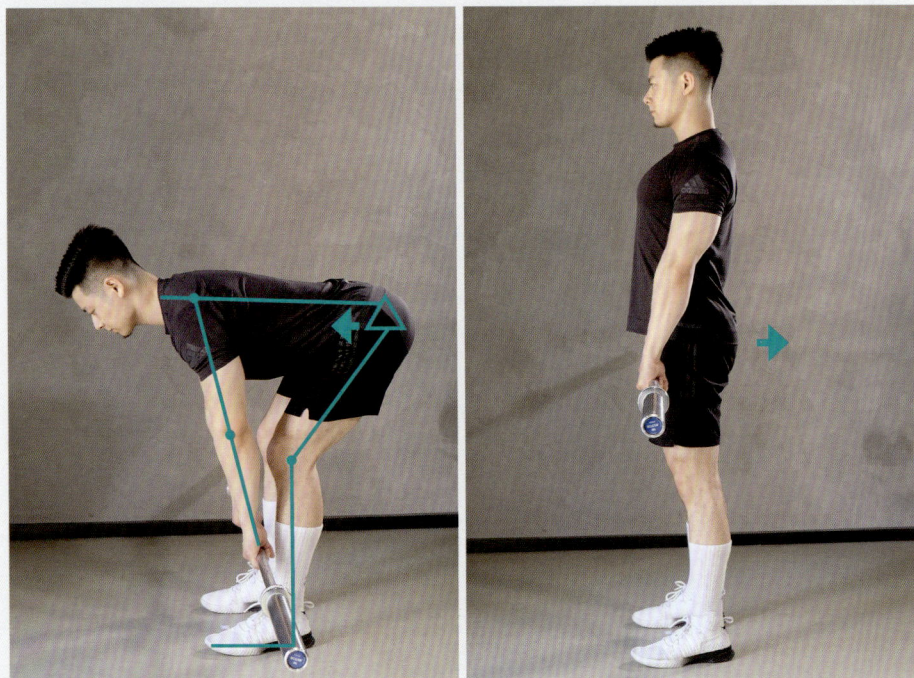

连续动作，保持持续张力，杠铃不落地。

教练有话说 在罗马尼亚硬拉中，很多人都会面临握力不足的问题，要解决这个问题，可以通过悬挂训练、农夫行走等方法进行专项练习，训练手臂的长时间静态耐力，提高握力。

相扑硬拉

参与肌肉：臀大肌、内收肌、腘绳肌

1 站距为1.2～1.5倍肩宽。
　这个动作因形象而得名"相扑硬拉"。
2 脚尖自然向外，膝关节一定要对准脚尖方向。

3 躯干较为竖直，不必刻意俯身。
动作过程与标准硬拉要点一致。

▌动作选择

标准硬拉vs相扑硬拉

1 刺激肌肉有差异：对大腿内侧和臀部肌肉刺激比其他形式的硬拉大。相扑硬拉和标准硬拉的主要区别就在于站距不同，以及由于站距不同而对于大腿内侧和臀部的刺激不同。

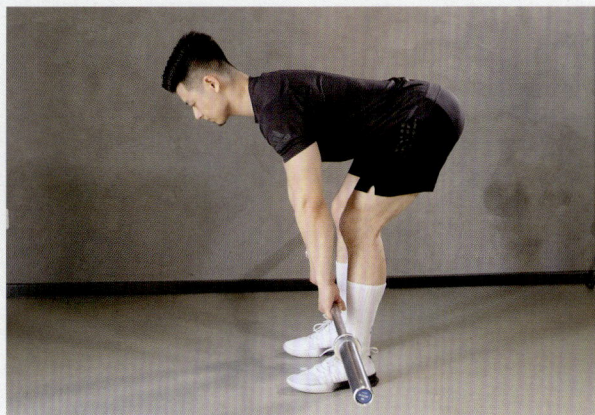

标准硬拉

2 做功距离不同：在相扑硬拉中，由于站距较宽，所以在提拉重物时，将重物从地面拉起到大腿前侧的做功距离也相对较短。同样的重量，与标准硬拉相比，相扑硬拉做功也较少。

3 动作难度不同：标准硬拉对腰部的控制能力要求较高，对于新手来说，常常无法保持腰背部的平直状态，如果没有专业的指导，很容易在训练中产生腰背部的损伤；而相扑硬拉由于躯干相对直立，所以对于大部分新手来说相对简单，是硬拉入门动作中的较好选择。

相扑硬拉

直腿硬拉

参与肌肉：臀大肌、腘绳肌

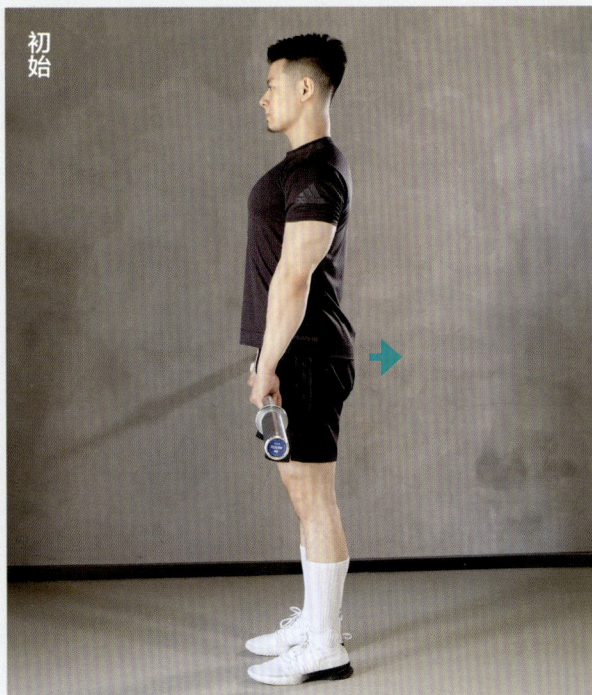

初始

初始

1 双脚与髋同宽，脚尖朝前，膝关节自然伸直，但不要过分绷直。

2 腰背挺直，下巴微收，后脑、胸椎、骶骨三点成一条直线。

3 双臂自然下垂，垂直于地面，双手正握抓杠，持于大腿前侧。

俯身

4 缓慢下放到腰背能保持挺直状态的最低点，双手垂直于地面。此时大腿后侧会有较强的牵拉感。

上拉

5 双脚蹬地，同时收臀将杠铃拉起到完全站直，然后下放，重复动作。

呼吸：俯身时吸气，上拉时呼气助力。

俯身

动作选择

直腿硬拉的优势与劣势

（1）纯粹的臀部训练。直腿硬拉几乎完全没有膝关节的动作，只有髋关节的屈伸运动，所以能对臀部起到最佳的训练效果，是美臀塑形的最佳选择。

（2）柔韧度要求高。直腿硬拉动作中不允许大幅度屈膝，所以对于柔韧度的要求比较高，柔韧较差的训练者常常不可控地弯腰代偿，腰有一定的受伤风险。

（3）负重能力低。直腿硬拉中没有膝关节的参与，减少了重要的助力，而腰部将会承担较大负荷。从安全角度考虑，不建议采用大负重训练，以免造成腰部损伤。

标准硬拉、相扑硬拉、罗马尼亚硬拉、直腿硬拉该如何选择？

动作名称	标准硬拉	相扑硬拉	罗马尼亚硬拉	直腿硬拉
刺激部位	臀腿为主，全身参与			
功能性	标准硬拉适用于发展下肢最大力量，并全面刺激身体后侧链，提高伸髋力量，增强爆发力，提高运动表现	相扑硬拉力矩短，做功距离短，利于挑战极限重量，是最适合在比赛中使用的硬拉技术	对肌肉本身能起到较好的刺激效果，帮助肌肉储备物质基础，强化下肢基础能力	能对臀部和腿部后侧肌肉起到最直接的刺激效果，针对性最强
健美意义	一般采用的负重较大，所以训练次数不多，训练容量较小，塑形效果一般	对大腿内侧有较好的塑形效果，是大腿塑形的不错选择	一般采用中等重量训练，重复次数多，训练容量大，是紧致臀腿、发展肌肉围度的最佳选择	虽然负重能力较差，但没有膝关节的参与后，对髋部肌群的刺激更有针对性，是翘臀的最佳训练方法
负重选择	6RM以上的大重量	重量不限	8RM以下的中小重量	16RM以下的小重量
训练方式	做一次调整一次，直到完成规定次数	不限	连续连贯，中间不断	连续连贯，中间不断
适合人群	有一定经验、渴望增强力量的训练者	所有人都适用	所有人都适用	所有人都适用，尤其对臀部肌肉训练的针对性最强

屈髋模式异常状况

膝关节过伸示意图

膝关节过伸 ✚

纠正方法

为了更好地刺激臀部，很多训练者在完成站立屈髋动作时会尽量避免膝关节的运动，以便锁死膝关节甚至达到膝关节过伸的状态。

其实膝关节过伸对于刺激臀部没有帮助，反而会引起伤痛，是完全没有必要的。膝关节放松伸直或呈微屈状态都是合理的，主要根据自己的柔韧情况来决定，只要在训练时稳住膝关节不主动屈伸就能达到臀部训练的最佳效果。

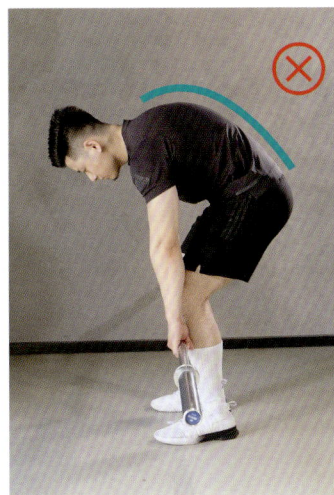

硬拉弯腰弓背

弯腰弓背 ✚

弯腰弓背主要由三种原因引起：

（1）由于大腿后侧肌肉与韧带过于紧张，导致骨盆处于后倾位而无法回到中立位，在硬拉动作中就表现为弯腰弓背。

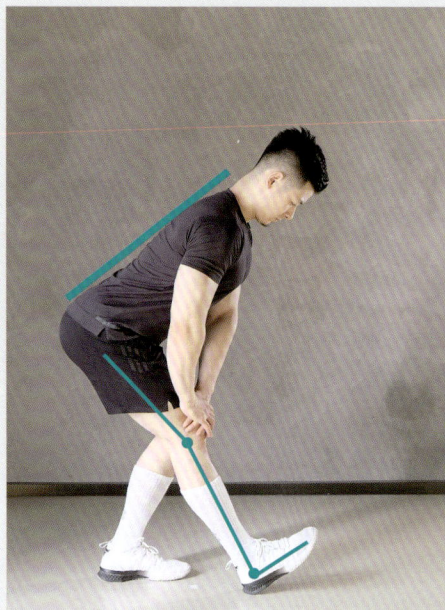

纠正方法：对大腿后侧尤其是腘绳肌进行拉伸，并用筋膜球放松大腿后侧以及腰部竖脊肌。

腘绳肌拉伸

筋膜球放松腘绳肌

（2）由于热身不足导致核心稳定性不够。这一般不是能力问题，而是激活不足的问题。

纠正方法：在热身时加入四点支撑、平板支撑、臀桥等动作，充分激活核心区域肌肉，在俯身过程中能维持躯干姿态。

四点支撑：初阶核心激活

平板支撑：中阶以上核心激活

臀桥：激活后侧链

（3）注意力只能关注到特定环节，无法关注到全部环节。新手对身体的感知能力不够，在复杂动作中常常只能关注到一个方面，而对于需要注意多个环节的复杂动作则会显得力不从心。

纠正方法：可以背一根木杆作为辅助，在站姿状态下，保证自己的脑后、胸椎、骶骨三点都贴靠在木杆上。弯曲到最底部时，仍要保持三点贴合于木杆，以此作为正确姿势的参照，直到熟练掌握动作。

▌膝关节往前跪 ✚

纠正方法：可以找一面墙，站在离墙一个脚掌的距离，背向墙面。随后在保持躯干竖直的状态下，屈髋后移臀部去触碰墙面，并保持3~5秒，使身体形成记忆。

在熟练之后，逐步拉开与墙面的距离，直到俯身与地面平行时正好能触碰到墙面，再进一步练习。

教练有话说　无论男女，无论是为了身材美、强壮还是提高力量，掌握屈髋动作都是必不可少的一步。"早上好"动作就是一切屈髋类动作的基础，是必须掌握的动作。

屈髋模式辅助训练：臀部针对性训练

臀桥

参与肌肉：臀大肌、腘绳肌、大收肌。

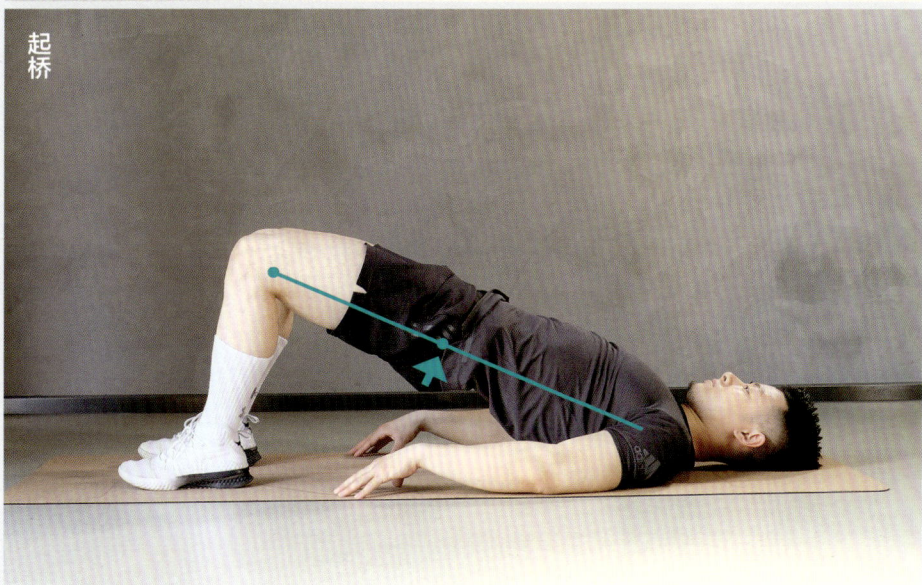

初始

1 仰卧于垫上，屈膝，足跟与臀部相距大约3拳。
2 双脚与髋同宽，脚掌自然贴地，脚尖朝前。
3 双手自然置于身体两侧，辅助平衡。

起桥

4 臀部向内收缩夹紧，感觉臀部在垫面上滚动。逐步抬起臀部、躯干，直到整个
肩胛骨完全抬起。体会大地被扛在肩上的感觉。

  一定是臀部先收缩在垫面上滚动，带动躯干和腰背抬起。这样的发力次序既能
较好地刺激臀部及大腿后侧，又能适度刺激腰背部。

还原

5 缓慢下放臀部，与地面轻轻接触后立即重复起桥动作。

  下放位置遵循"信用卡原则"，即臀部最低点与地面之间的距离大约是一张信用
卡的宽度。

呼吸：起桥时呼气助力，还原时吸气放松。

健美意义

对臀部及大腿后侧肌肉有较为直接的刺激，能起到较好的塑形效果。

功能性

最基础、最简单的伸髋力量训练是新手入门的不错选择。

强度进化

进阶目的：逐步减少支撑面积，从而增加稳定的难度，帮助提高控制能力，更
好地刺激臀、腿部肌肉。

难点：支点减少之后，身体稳定的难度会提高，需要较好的核心控制能力才能
完成动作。

建议：从双手在身体两侧支撑加全脚掌支撑，到举起双手只用双脚支撑，再到
勾脚用足跟支撑，最后到单腿臀桥，循序渐进地提高动作难度。

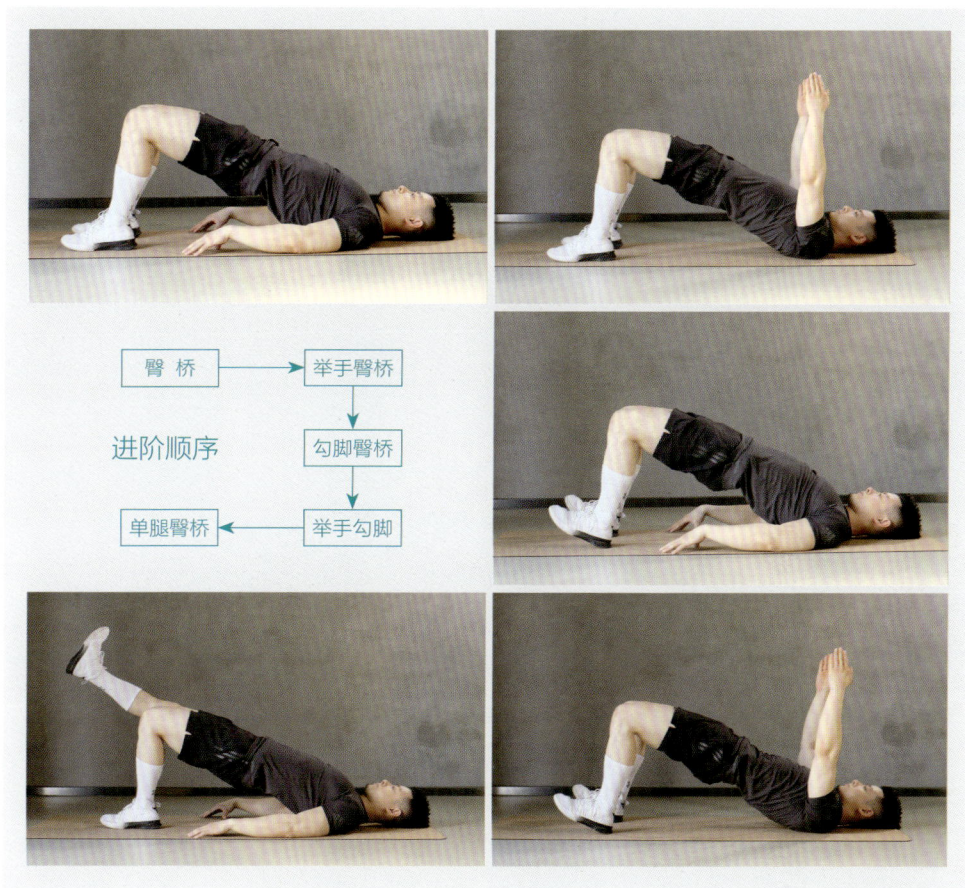

```
┌──────┐      ┌──────┐
│ 臀 桥 │─────▶│举手臀桥│
└──────┘      └──────┘
                  │
进阶顺序           ▼
              ┌──────┐
              │勾脚臀桥│
┌──────┐      └──────┘
│单腿臀桥│          │
└──────┘          ▼
    ▲         ┌──────┐
    └─────────│举手勾脚│
              └──────┘
```

异常表现：腰部带动以及幅度过大 ✚

误区1：以腰部肌肉代偿发力，降低了臀部肌肉的参与，增加了腰肌疼痛的风险。

纠正技巧：注意力放在臀部，在动作开始阶段就要强调夹臀动作，使臀部主动发力，向内收紧带动腰部。

误区2：对动作理解不充分。

腰部带动和幅度过大

纠正技巧：有意识地控制动作，上抬臀部到肩、髋、膝三点成一线即可。

教练有话说

老话说："人老先老腿。"而实际上，人体肌肉的衰退过程是从躯干核心区域开始，逐步向四肢大肌群扩散。所以，人老会先老腰。臀桥动作在低门槛、低风险的前提下，强化腿部和腰部的肌肉力量，延缓由于年龄增长或久坐少动导致的肌肉退化，是老少皆宜的优选训练动作。

臀冲

参与肌肉：臀大肌、腘绳肌、大收肌。

初始

1 找到与膝关节同高的物体（卧推凳或床），仰卧状态，将肩胛骨依靠于凳面。
2 屈膝使小腿与地面成垂直状态，臀部触地，将杠铃置于髋关节窝，双手抓握杠铃保持稳定。

抬起

3 双脚踩实，收臀伸髋，抬起到肩、髋、膝三点一线的位置，保持1~2秒。

4　缓慢下放到臀部与地面一拳距离，然后继续重复动作。

呼吸：下放位置吸气，抬起时呼气助力。

　　臀冲其实是臀桥的高级版。臀桥是仰卧在地面上进行训练，相对来说运动轨迹较短，负重有限；而臀冲则是将上半身稳定仰卧在高处，使髋关节不仅有足够空间做长轨迹屈伸运动，而且负重能力强，能对臀、腿部肌肉起到更大的刺激作用。对于"要翘臀，不要粗腿"或者想发展臀部伸髋力量的训练者来说，臀冲是一个非常好的针对性动作。

　　在训练过程中，可以先练习臀桥，掌握之后再进行臀冲练习。

健美意义

对臀部能实现大负重刺激，塑造臀部的完美形态。

功能性

专注伸髋力量训练的强大动作，对臀部及大腿后侧肌肉有直接的刺激效果。

专业特供

足球　羽毛球　击剑

臀冲训练对于很多专业运动员来讲十分重要，尤其对于足球、羽毛球、击剑等重视下肢爆发力的运动员来讲是必不可少的。

动作选择

臀冲vs硬拉

臀冲

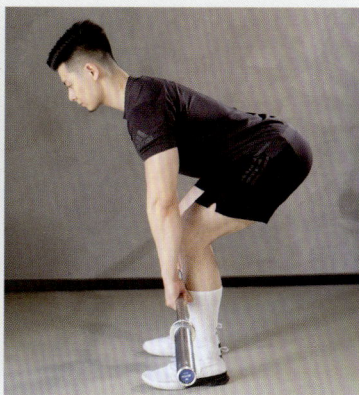

硬拉

共同点：

臀冲和硬拉都是以屈髋伸髋为主的髋关节运动，都有较强的负重能力，主要发力肌肉都是臀大肌及腘绳肌。

区别：

（1）姿态不同，硬拉是站姿动作，臀冲是仰卧动作。

（2）难易程度不同。硬拉涉及髋、膝、踝、腰椎等多个关节，动作要求较高，难度较大，需要专业人士指导才能掌握；臀冲主要是髋关节参与，动作相对简单，易掌握。

壶铃挥摆

参与肌肉：臀大肌、腘绳肌、大收肌。

初始

1 双脚与髋同宽，双手持壶铃于身体前方，自然站立。

挥摆

2 快速俯身将壶铃从胯下甩到腿后，在最低点快速蹬地、收臀、伸髋，将上身抬起，带动壶铃摆到面前肩部高度。然后俯身重复动作，直到完成规定次数。

呼吸：向上挥起时呼气助力，俯身时吸气放松。

健美意义

对臀部的刺激较直接，是臀部塑形的不错选择。

功能性

提高快速伸髋的爆发力。

教练有话说	壶铃挥摆的训练对于立定跳远的迁移性非常强，两者都是向前伸髋的爆发性动作。如果想提高立定跳远的成绩，壶铃挥摆是不错的训练选择。

山羊挺身
参与肌肉：竖脊肌、臀大肌

初始

1 双脚开立，将小腿固定在海绵垫内，确保下肢稳定。

挺身

2 俯身向下到极限，然后拱背、腰部反弓，使脊柱一节一节向后伸展，直到躯干完全伸直。

3 此时，后脑、胸椎、骶骨三点在一条直线上，保持1~5秒，然后俯身循环。

很多人都以为山羊挺身要保持躯干挺直，做直上直下的运动。但实际上，脊柱分段伸展，能更加充分地刺激整个背部，并在最后阶段实现完全伸展，刺激臀腿。

呼吸：挺身时呼气助力，俯身时吸气放松。

蛇形山羊挺身

健美意义

对腰背部肌肉有较好的塑形效果。

功能性

提高腰背部核心肌肉力量，缓解腰背疼痛。

▎异常表现 ✚

（1）起得过高

误区：以为起得越高效果越好，实际
上是腰椎过伸，会对腰椎产生额外压力。

纠正技巧：挺起到后脑、胸椎、骶
骨三点成一线，人体成直立状态即可。

（2）速度过快

误区：对动作理解不够。

起得过高

纠正技巧：放慢速度，强调控制，尤其是在挺身阶段，速度越慢，对控制的要
求越高，对深层肌肉的刺激效果越好。

跪起

参与肌肉：臀大肌

初始

1 双膝跪于软垫之上，脚背自然放于垫面，臀部轻轻坐于足跟。
2 身体前倾约60°，使髋关节折叠到最小角度，双手自然背后。

起身

3 夹臀，感受臀部发力，逐步将身体展开到完全伸直，然后慢慢下放臀部于足跟，重复动作。

这个动作结构简单，是新手学习伸髋发力的首选动作。

呼吸：起身时呼气助力，下坐时吸气放松。

健美意义

最简单的臀部塑形训练无门槛，适合所有人。

功能性

没有膝关节的运动，将伸髋收臀作为唯一的发力动作，适合新手在学动作之初更好地掌握臀部发力感觉。

下肢双腿动作（蹲起）模式

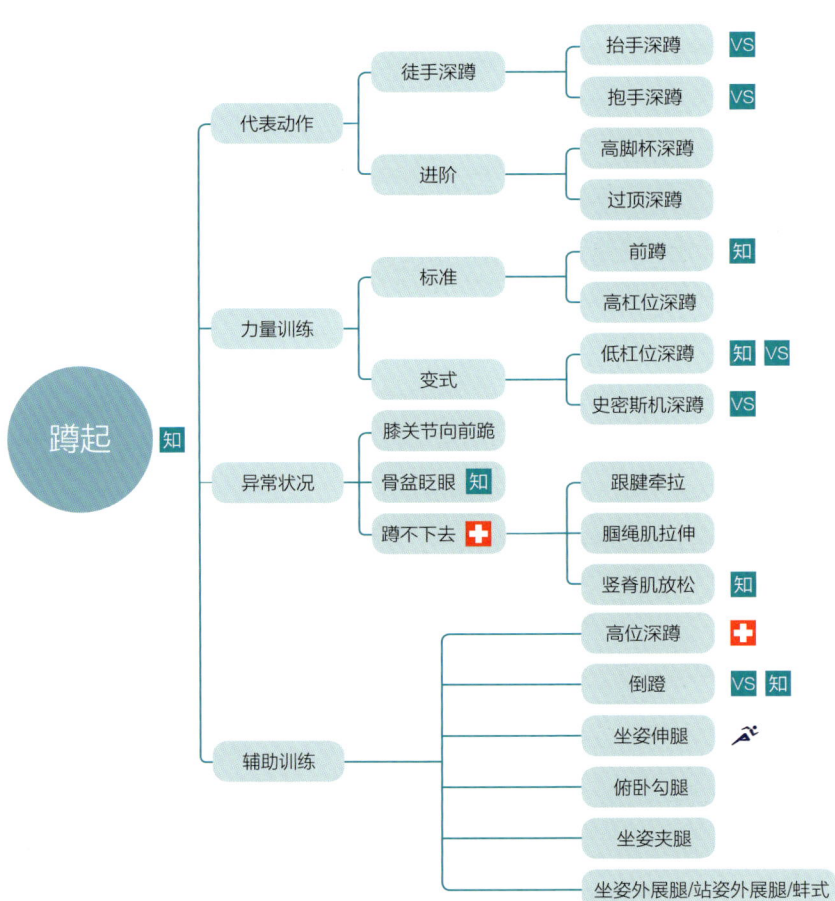

蹲起 知

- 代表动作
  - 徒手深蹲
    - 抬手深蹲 VS
    - 抱手深蹲 VS
  - 进阶
    - 高脚杯深蹲
    - 过顶深蹲
- 力量训练
  - 标准
    - 前蹲 知
    - 高杠位深蹲
  - 变式
    - 低杠位深蹲 知 VS
    - 史密斯机深蹲 VS
- 异常状况
  - 膝关节向前跪
  - 骨盆眨眼 知
  - 蹲不下去 ✚
    - 跟腱牵拉
    - 腘绳肌拉伸
    - 竖脊肌放松 知
- 辅助训练
  - 高位深蹲 ✚
  - 倒蹬 VS 知
  - 坐姿伸腿 🏃
  - 俯卧勾腿
  - 坐姿夹腿
  - 坐姿外展腿/站姿外展腿/蚌式

蹲起是人类最基本的身体能力之一，然而在用进废退的原则之下，越来越多的人丧失了这个能力。

深度知识

从功能性的角度看，蹲起是跳跃的退阶动作，站起来的动作实际是向上跳起的慢动作，而蹲下去的动作实际是跳起之前的下蹲预摆动作和落地后的缓冲动作。蹲起训练可以强化下肢蹬伸发力中的髋膝运动节律，使人在运动中合理分布力量，逐步实现最优发力次序。这是让我们成为运动达人的前提。

从蹲起到负重深蹲，要求遵循一个学习过程，绝不可能一蹴而就。现在我们就来学习深蹲的动作模式。

蹲起模式代表动作：徒手深蹲

▌动作目的

健美意义

所谓"不深蹲，无翘臀"。深蹲训练可以紧致臀、腿，防止臀部肌肉下垂，阻止腿部肌肉退化，保持腿部力量。

蹲跳

专业特供

深蹲对于普通人来说，或许只是下肢的一个普通训练内容，但对于运动员来讲绝对是体能训练的关键构成部分。儿童或青少年需要通过徒手或小负重深蹲提高身体协调能力及下肢发力能力；成年运动员需要通过深蹲进行下肢基础力量提高或爆发力增强训练，而且年龄越大的运动员越需要通过深蹲来维持下肢肌肉力量，以达到预防损伤的效果。总之，深蹲对于运动员来说必不可少，是下肢训练的关键环节。

功能性

深蹲是一个全幅度的动作。在下蹲过程中，臀大肌、股四头肌都能得到最大限度的拉长，膝关节和髋关节中的韧带也能得到最大限度的拉伸；在站起过程中，需要下肢蹬伸发力，并同时收缩臀大肌和股四头肌，能使下肢所有的肌肉和韧带都得到训练。深蹲是跳跃的退阶，蹲下去、站起来是徒手深蹲，蹲下去然后向上释放出来就是跳跃。

标准

徒手深蹲

参与肌肉：臀大肌、腘绳肌、股四头肌、大收肌。

初始

1　站距一般与肩同宽。

可按需求调整。宽站距对臀部刺激较大，窄站距对大腿前侧股四头肌刺激较大。

2 脚尖外旋30°～45°。

脚尖朝向正前方也并无不妥。但脚尖外旋角度越大，对臀部刺激越多。

3 下蹲前调整骨盆到前倾5°～10°。

找感觉：腰部能完全收紧，但不要撅臀。

下蹲

4 屈髋和屈膝保持同步，膝关节始终对准脚尖方向。

无需顾忌下蹲到位时膝关节是否超过脚尖。

5 臀部低于膝关节，下蹲才算到位。

6 躯干尽量保持竖直，下颌微收，使后脑、胸椎、骶骨三点在一条直线上。

站起

7 脚后跟蹬地，注意力放在臀部内收。

找感觉：用脚掌推地，地没有被推动，反而把自己推起来了。不要直接抬臀站起。

8 始终保持挺胸夹背，不能弯腰。

呼吸：下蹲时吸气，站起时呼气助力。

动作选择

抬手深蹲vs抱手深蹲

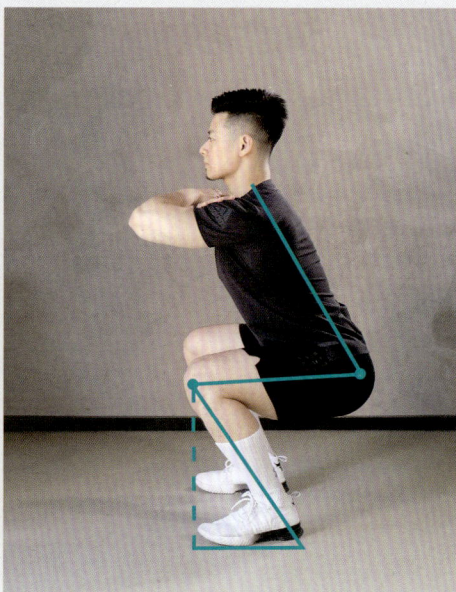

抬手深蹲   抱手深蹲

在徒手深蹲中，抬手还是抱手是一个比较有争议的问题。我们先来了解一下为什么会有抬手动作。抬手的动机是为了平衡重心，让身体稳定，很多初学者如果不把手抬起来，下蹲时就无法保持身体平衡，而抬起手臂后就可以更轻松地维持重心，使身体实现更大的前倾角度，降低深蹲难度，更方便地完成动作。

与抱手深蹲相比，抬手深蹲主要有以下两个特点：

（1）抬手深蹲时，由于髋部折叠角度小，屈膝不必到最低位置，膝关节可以不超过脚尖，所以对臀部的刺激会变大，对膝部的刺激会变小，是新手学习深蹲的不错选择。

（2）抬手深蹲的问题在于无法进阶（也就是无法负重，除非你把沙衣穿在身上）。在抬手深蹲中，重心可由手臂摆动得到调整，不需要依靠本体感觉以及核心区域调控重心就能维持身体稳定。而杠铃负重训练的关键就在于控制重心，调整杠铃和身体的空间关系，这一点在抬手深蹲中得不到任何训练。抬手深蹲时躯干前倾幅度大，在这种前倾角度下进行杠铃负重，腰部承受的负荷过大，容易引起腰痛。

对于初学者而言，虽然抱手深蹲相对较难，但是一旦学会，在后期进阶的过程中就能水到渠成、无师自通，而抬手深蹲很难发展出进阶动作。所以，建议新手练习抱手或抱头深蹲。

进阶

高脚杯深蹲

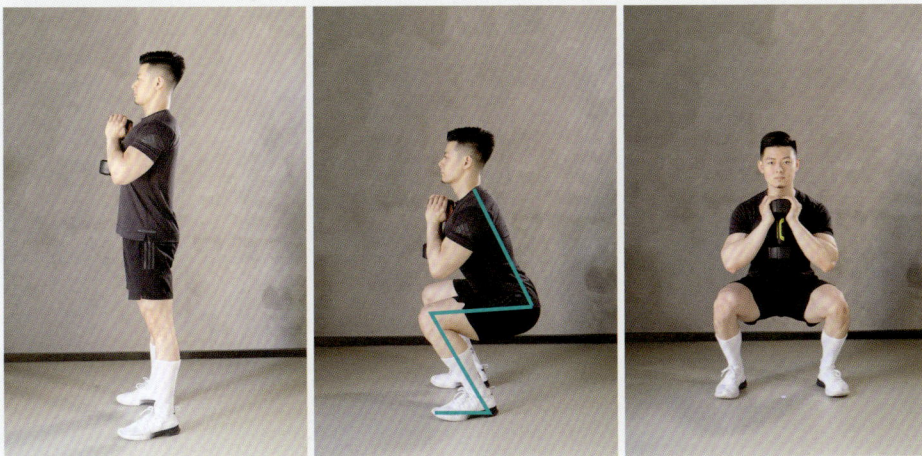

进阶目的：增加负荷，从而增加对肌肉的刺激强度；通过哑铃持握方式的标准动作，强化躯干的稳定性。

难点：哑铃要求上贴胸、下贴腹，所以要求身体在动作过程中必须始终竖直，对新手来说有一定难度。

教练有话说	哑铃的作用不仅仅是增加负重，更是一个衡量在动作中躯干是否竖直的标杆。如果哑铃下端离开腹部，说明身体前倾过大，需要纠正。仿佛托着一个大号高脚杯，如果躯干前倾过度，杯中的酒就会洒出来。

建议：先徒手熟练动作，再进行负重训练。

过顶深蹲

　　进阶目的：通过双手上举，强迫背部收紧，增加控制难度，同时加大对背部的刺激。

　　难点：下肢柔韧性不好或者腰部肌肉紧张的训练者难以完成动作。

　　建议：可以先对下肢进行拉伸，以及对腰部竖脊肌进行筋膜球放松训练，使身体后侧紧张区域得到放松之后再进行练习。

教练有话说

过顶深蹲难度虽大，但收益也十分明显，对于新手来说一举多得，不仅能刺激腿部肌肉，还能强化肩关节稳定性，同时增强下背部柔韧度，使得身体更加灵活。大负重的过顶深蹲是举重运动员必须要进行的专项训练，难度较大；小负重的过顶深蹲对增大灵活度和力量的帮助都非常大，这是一个高难度、高收益、低风险的好动作。

蹲起模式力量训练：杠铃深蹲

　　负重深蹲是徒手深蹲动作模式的高级进阶，根据器械的不同，可以分为用哑铃进行的高脚杯深蹲（徒手深蹲初级进阶）和杠铃深蹲。杠铃深蹲的基本动作与徒手深蹲并无区别，其变化在于身体与杠铃融为一体后对重心的调整。

　　根据杠铃放置位置的不同，可以将杠铃深蹲分为高杠位深蹲、低杠位深蹲和前蹲（杠铃置于身前），不同的器械位置对人体重心有不同的影响，从而导致在动作中肌肉发力的不同。

标准

前蹲
主要参与肌肉：股四头肌、臀大肌

前蹲是训练大腿前侧肌肉的利器。

初始
1 杠铃位于三角肌前束及胸大肌上部，手指指尖给予杠铃轻微支撑，但手腕不能有压迫感。
2 足跟与肩同宽。

下蹲

3 保持身体竖直，调整骨盆到前倾5°~10°。

4 蹲到臀部低于膝关节，稳住身体。

下蹲时，躯干需要尽量保持直立状态以免杠铃下滑，所以下蹲到标准位置时髋关节的折叠幅度相对较小，而膝关节几乎折叠到极限。因此，站起时膝关节附近的肌肉需要做更多的功，会得到更好的刺激。

站起

5 双脚蹬地，收臀站起。

呼吸：下蹲时微微吸入一口气，收紧核心，在下蹲过程中憋住气，发力站起时呼气助力。

深度知识 负重深蹲和徒手深蹲的呼吸模式不同是由于对身体稳定性的要求不一样。在负重深蹲中，要求躯干有极好的刚性支撑能力，如果依旧遵循下蹲时吸气、站起时呼气的做法，会降低下蹲阶段的核心支撑能力。为了保持核心的稳定结构，我们就要采用瓦式呼吸，用气体充盈腹腔，使躯干成为一个刚体，从而增加承重能力。

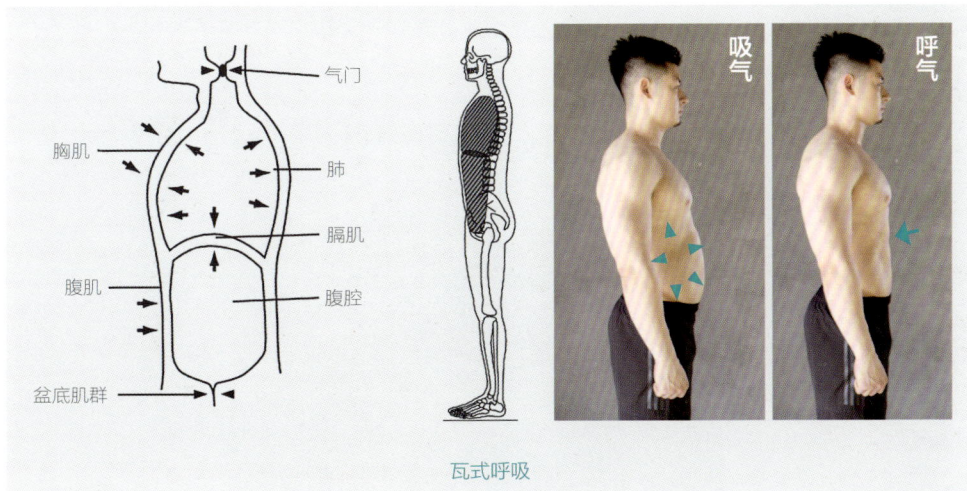

瓦式呼吸

瓦式呼吸是什么？瓦式呼吸不是单纯的憋气，而是在浅吸一口气后，声门紧闭，只做呼气的动作但不把气吐出，同时收紧腹肌下沉肋弓，使腹压增加，并反射性地使肌肉张力增加的呼吸方式。

瓦式呼吸要注意：

①不能大口吸气后再憋气，以免血压飙升，引起头晕；

②憋气结束时呼气要慢慢吐出，以免血压突然下降，引起不适；

③瓦式呼吸一般运用在高强度训练中，不必在所有动作中都采用。

高杠位深蹲（标准深蹲）

参与肌肉：臀大肌、腘绳肌、股四头肌

1 杠铃位于斜方肌上部。

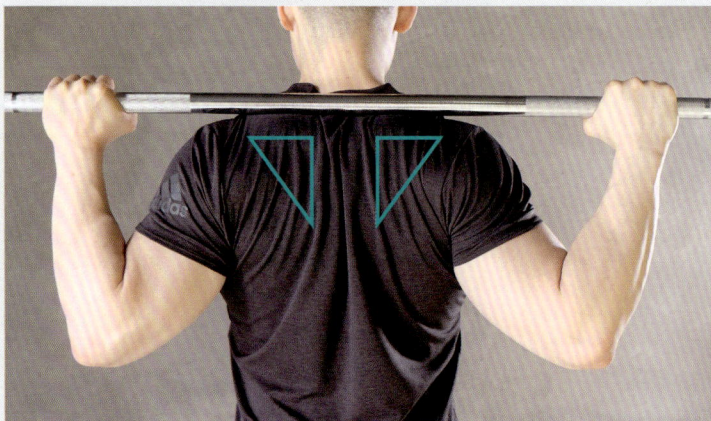

　　杠铃切忌放置于第七颈椎（颈后大椎棘突）上，以免造成伤害。

2 双手环握杠铃，手臂较放松。

3 躯干微前倾。

下蹲、站起动作与徒手深蹲要点一致，采用瓦式呼吸。

变式

低杠位深蹲

参与肌肉：臀大肌、腘绳肌、股四头肌

1 杠铃位于肩胛冈冈上肌之上，用肩胛骨内上角稳定住。

2 双手半环握杠铃，用力内扣稳定住杠铃。

3 躯干前倾。

　　由于杠铃位置较低，和髋关节的力矩较短，此时即使躯干前倾，只要动作正确，腰部也能承受这个压力，而且对于背部竖脊肌还能有一定的刺激作用。

下蹲、站起动作与徒手深蹲要点一致，采用瓦式呼吸。

▎动作选择

前蹲、高杠位深蹲、低杠位深蹲如何选择？

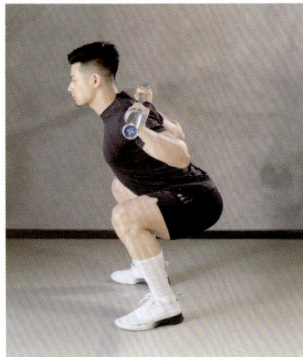

前蹲   高杠位深蹲   低杠位深蹲

1. 前蹲：爆发力专项训练，大腿前侧参与最多

首先，前蹲刺激的部位以大腿前侧为主，膝关节的弯曲角度相对较大，髋关节的弯曲角度相对较小。在下蹲后站起的过程中，伸膝动作比伸髋动作的运动轨迹长，做功更多，对负责伸膝动作的股四头肌产生更大的刺激，而对臀部及大腿后侧伸髋肌群刺激较少。

其次，前蹲是高翻、高抓以及挺举的基础动作，如果你的训练目标是增强爆发力，那么前蹲是必不可少的练习。

最后，前蹲对大腿股四头肌和伸髋肌群（臀大肌、腘绳肌等）的刺激比例是7∶3左右，所以，如果训练目标是强化大腿前侧肌群，前蹲是一个不错的选择。但对于担心大腿前侧粗壮的女生就没有必要进行这个动作的练习。

教练有话说	女性看到这里已经知道前蹲会让大腿肌肉更加粗壮，如果顾虑这点，就要尽量避免前蹲的动作。但实际上不只是拿上杠铃才会有增强大腿的效果，我们常做的很多动作都和前蹲效果类似，比如哑铃高脚杯深蹲、壶铃深蹲等。
深度知识	对臀部的刺激多还是对腿部刺激多，这和负重无关，最重要的是看下蹲到最低位置时，髋关节和膝关节的弯曲角度。如果髋关节的角度比膝关节的角度大，就说明膝关节折叠更多，站起时大腿前侧就会多费力，对伸膝动作的发力肌群股四头肌就会刺激更多。反之，如果髋关节的角度小于膝关节的角度，站起时会驱动更多的伸髋肌群参与其中，对于臀部以及大腿后侧腘绳肌的刺激就会更多。

2．高杠位深蹲：对下肢肌肉训练最全面

首先，从刺激部位来看，高杠位深蹲的杠铃放置于斜方肌之上，下蹲时髋关节和膝关节同时折叠到最大限度，所以站起时对伸髋和伸膝都有发力要求，对臀、腿部肌肉的刺激程度差不多。

其次，从功能角度来看，高杠位深蹲是提高弹跳力的专项训练，其基本动作模式和跳跃前半蹲准备状态基本一致。所以，高杠位深蹲是运动员使用最多的深蹲训练形式。高杠位深蹲能同时提高伸膝和伸髋的能力而不会过度偏重某一方面，训练效果更加全面，适合希望均衡发展的训练者。

最后，从健美角度来看，高杠位深蹲能够同时刺激腿部和臀部，让腿部更加紧致，并向上提拉臀部，使人显得更加精神、健美。

3．低杠位深蹲：负重能力最强，对臀部刺激最大

首先，从刺激部位来看，低杠位深蹲的杠铃位置在肩胛冈附近，位置较低，所以杠铃与骨盆之间的距离短，能够实现身体的大幅度前倾来增加髋角。在站起时，更强调伸髋，负责伸髋功能的臀大肌及腘绳肌会受到更多刺激，是所有深蹲形式中后侧伸肌肌群参与程度最大的训练。

其次，从功能角度来看，低杠位深蹲的做功距离比其他深蹲短，有超强的负重能力。进行低杠位深蹲的极限负重训练，能增加神经系统对于极限负荷的适应能力、核心区域的承重能力以及下肢绝对力量，是极佳的力量训练手段。

由于在日常生活和运动训练中很少出现髋关节折叠接近0°的状态，所以低杠位深蹲的功能性相对弱于其他两种深蹲形式。通常在运动员的训练计划中，只有在发展下肢绝对力量的某个阶段才会使用，不会成为主要训练内容。同时，由于低杠位深蹲杠铃位置的复杂性，学习起来有点难度，建议在专业人士指导下进行学习。

最后，从健美角度来看，低杠位深蹲时髋关节的下蹲折叠角度极小，对于臀部肌肉能起到最大的拉长效果，是所有深蹲形式中对臀部刺激最大的训练。对于有翘臀需求的训练者来说，低杠位深蹲就是最佳的训练手段。

4．如何选择负重深蹲

（1）强壮大腿前侧，前蹲是最佳选择。

（2）同时强化臀腿、提高弹跳，高杠位深蹲是最佳选择。

（3）提高下肢绝对力量，激活后侧伸髋肌群，低杠位深蹲是最佳选择。

徒手深蹲vs负重深蹲

首先，两者都属于抗阻训练。徒手深蹲是自重训练，阻力来源为自身体重；负重深蹲的阻力来源是器械。阻力来源虽然不同，但都属于抗阻训练。

其次，两者的进阶能力不一样。徒手深蹲由于阻力来源仅为自身体重，训练进阶方式十分有限，只有从双腿支撑变为单腿支撑；负重深蹲依靠器械的重量，可以根据负重能力的变化随时提高强度。

再次，两者对肌肉的刺激不同。徒手深蹲能够提高肌肉耐力，对最大力量几乎没有帮助，相对来讲身体比较容易适应，当训练达到一定水平或训练一段时间之后，它的效果主要体现在维持身体状态；负重深蹲的多样化形式对肌肉的刺激重点不同，不同的负荷对肌肉能力的刺激程度也不同，不容易产生适应，能一直对身体产生新的刺激。

最后，在下肢双腿稳定支撑的状态下去控制重心，是负重深蹲最重要的意义之一，而徒手深蹲训练中基本上对此没有效果。在杠铃深蹲中，由于杠铃长度较长，控制杠铃并使之与身体重心完美融合的过程，能够起到激活身体稳定肌群的作用。这是负重深蹲无法被徒手深蹲替代的一个重要原因。

史密斯机深蹲vs自由深蹲

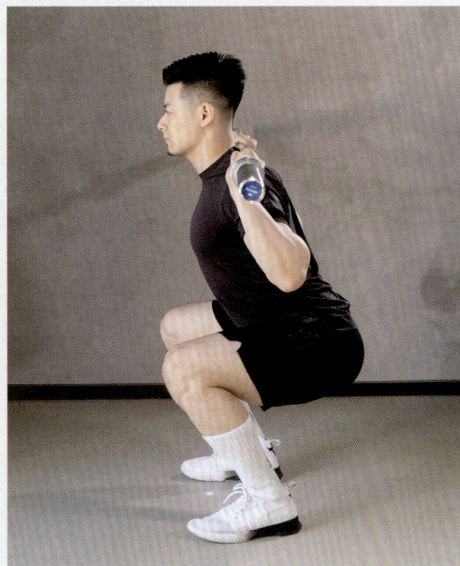

史密斯机深蹲

自由深蹲

初学者往往以为史密斯机就是有固定保护的杠铃，如果不会做自由重量的杠铃深蹲就可以在史密斯机上去练。实际上这是一个误区。史密斯机深蹲不仅无法替代杠铃深蹲，因为它和杠铃深蹲根本就是两个动作。

　　首先，在杠铃深蹲中，对重心的控制是完成整个深蹲动作的核心，也是自由重量训练中能够带给我们最重要的训练内容。而在史密斯机深蹲中，由于有支撑轨迹，不必耗费任何精力去稳定身体，甚至可以将身体依靠在史密斯机上完成动作，所以其对稳定控制能力起不到任何锻炼效果。因此很多人能轻松掌握史密斯机深蹲，却无法完成杠铃深蹲，因为重心调控才是深蹲的关键。

　　其次，史密斯机的杠铃轨迹非常固定，只能直上直下。而在自由深蹲中，杠铃杆会随着人体重心的变化而走出有一定斜度的运动轨迹。

　　在史密斯机上深蹲时，我们只能去适应杠铃杆的位置，而不是采取人体的最优发力动作模式，这样反而会影响我们正常发力，得不偿失。这也是为什么很多人做史密斯机深蹲时能够蹲起特别大的重量，而做自由重量深蹲时还不及史密斯机深蹲的60%负重的原因。在史密斯机上做深蹲，一部分的重量会被杠铃杆承担，而我们的身体实际上承担的训练负荷要比你认为的小。

　　所以，如果新手想学自由深蹲，通过史密斯机学习并不适合，正确的进程是从徒手深蹲开始，逐步进阶到高脚杯深蹲，最后到杠铃深蹲。

　　当然，史密斯机深蹲也并非一无是处，它能够缓解下蹲过程中腰部的压力，提高膝关节附近的肌肉力量，增加训练的多样性，也不失为一种训练选择。

蹲起模式异常状况

▍下蹲时膝关节向前跪 ✚

　　不良的生活和运动习惯使身体养成了错误的动作模式，具体表现为训练者做深蹲的时候习惯于屈膝，一做深蹲就把膝盖向前跪。

教练有话说

前文中曾强调，从功能性角度说，深蹲是跳跃的退阶，如果要向上跳起，用膝盖向前跪的姿态是不可能实现的；从安全角度说，膝关节往前跪时，髋关节是无法弯曲的，此时如果想尽力全蹲下去，就只能更努力地向前跪，这会使你失去重心而摔倒，如果有负重，就可能出现较大的安全事故。所以深蹲时绝对不能把膝盖向前跪。

▍骨盆"眨眼" ✚

　　在深蹲的最后阶段，无法保持骨盆的稳定状态，骨盆从前倾位翻转为后倾位，腰椎从中立位变成了后突状态。从背后看，下蹲时裤子和衣服之间会像眨眼一样，露出间隙看到皮肤，站起时则如闭眼一般将皮肤盖住。

标准动作

骨盆"眨眼"

教练有话说

在负重深蹲中，骨盆前倾位时，背部竖脊肌能保持张力，保护脊柱；而骨盆"眨眼"时，由于骨盆和腰椎状态的突然改变，竖脊肌的张力顿失，所有压力会瞬间集中到腰椎上，导致腰部损伤风险加大。这是骨盆"眨眼"的最大危害。

纠正方法

大部分人骨盆"眨眼"是由于核心力量不足导致骨盆翻转。解决这个问题首先要集中注意力收紧核心，日常加强核心训练，强化整体核心能力；在准备活动中加入核心激活，如平板支撑等训练，使核心区域的肌肉被激活后再进行训练。还有一部分人的骨盆"眨眼"是由于下蹲幅度过低导致的。

深度知识
人体的下蹲动作有两个极限：一个是解剖极限，就是我们蹲着上厕所时的那个位置，在这个位置，骨盆必定是后倾位的，脊柱也是拱桥状的；另一个则是功能极限，是指下蹲到最低点却仍旧能保持整体肌肉张力的位置，也就是下蹲时大腿前侧与地面平行的位置，这是在深蹲训练中要求的标准位置。所以深蹲不必达到最深，凡事留有余地，就能轻松解决骨盆"眨眼"的问题了。

蹲不下去 ✚

纠正方法

不能蹲的原因有很多，大部分人的主要问题是关节功能受限。在这种情况下需要做的是从自身的下肢（踝、膝、髋）以及腰椎等关节逐一排查原因。具体排查方法是通过牵拉或按揉的方式放松各个关节附近的肌肉或韧带。

比如，先从足部做起，进行跟腱牵拉，之后再试试能不能蹲下去，如果可以，那就是跟腱的问题。以后每次进行下蹲训练时都要注意跟腱牵拉，每组练习10~15秒，完成4组。

如果经过跟腱牵拉，在跟腱韧带初长度得到释放后还是蹲不下去，就可以尝试对大腿后侧进行拉伸放松，排查是否是由于腘绳肌紧张而导致下蹲受限，

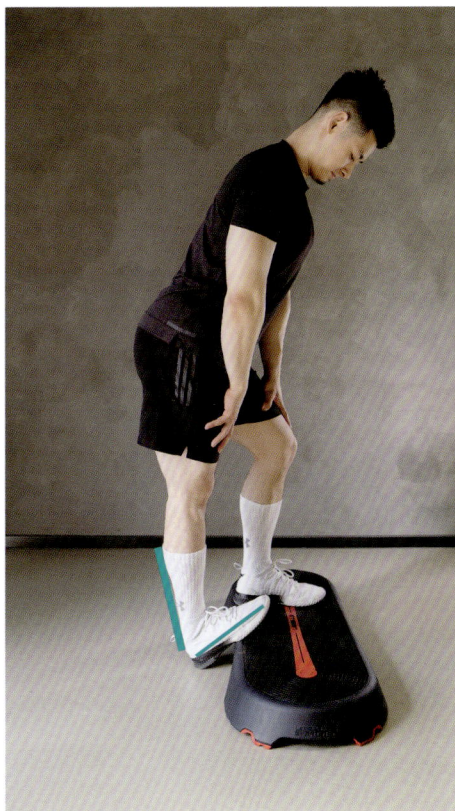

跟腱牵拉

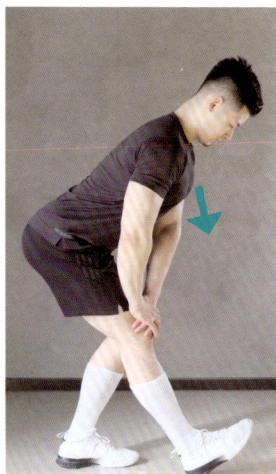

腘绳肌拉伸1

腘绳肌拉伸2

具体方法是每组拉伸10～15秒，完成3组。

最后一个需要排查的区域是腰背部，可以通过花生球对腰背部的胸腰筋膜进行放松。具体方法是每组滚动10～15次，完成3组，滚动速度缓慢，遇到痛点时要注意慢速按压，在可承受痛感的情况下在疼痛区域停留。

花生球放松竖脊肌

除了关节功能的问题外，蹲不下去还有可能是自身骨骼结构的原因，比如股骨和胫骨的比例较特殊，导致无法完成标准的蹲起。建议自行对镜查看，对比股骨（大腿骨）和胫骨（小腿骨），如果股骨比胫骨长，下蹲时如果要求保持身体竖直，重心就会难以控制，这种情况建议在保持躯干稳定的前提下，在下蹲时更多地前倾身体，帮助平衡重心，从而能够下蹲到臀部低于膝关节的位置；或者不改变动作姿态，只改变骨骼比例，通过垫高足跟的方式人为地提高胫骨长度，让胫骨与股骨长度相近，从而完成正常的下蹲。然而，垫高足跟，膝关节附近的伸膝肌群会得到更多的锻炼，不想过于强化大腿的女生要注意这点。

儿童的下蹲状态一般都非常完美，因为蹲是人天生具有的能力，但为什么很多成年人无法蹲下去呢？一切都是由于用进废退。现代人生活中需要彻底下蹲的动作少了，下蹲功能逐步退化。很多欧美人羡慕"亚洲蹲"，并不是亚洲人有下蹲天赋，而是由于亚洲人更习惯于使用蹲厕，欧美国家对坐便马桶的使用比亚洲国家早很多，欧美人从小缺乏下蹲动作的培养，下蹲功能就退化了。现在，中国城市里也普遍使用坐便马桶，所以也有越来越多的中国人发生了下蹲困难。

蹲起模式辅助训练

高位深蹲

参与肌肉：臀大肌、腘绳肌、股四头肌、大收肌

1 双脚稳定地踩踏于踏板之上。
2 双手持重物。
3 保证躯干正直。

下蹲、站起动作、呼吸与前蹲要点一致。

健美意义

紧致臀腿，塑造下肢曲线。

倒蹬

参与肌肉：臀大肌、腘绳肌、股四头肌、大收肌

初始

1 双脚稳定踩踏于踏板之上。
　 双脚处于同一平面内即可，不必强求双脚间距离以及脚尖方向。
2 躯干稳定靠于凳上，双手抓握手柄，稳定身体。

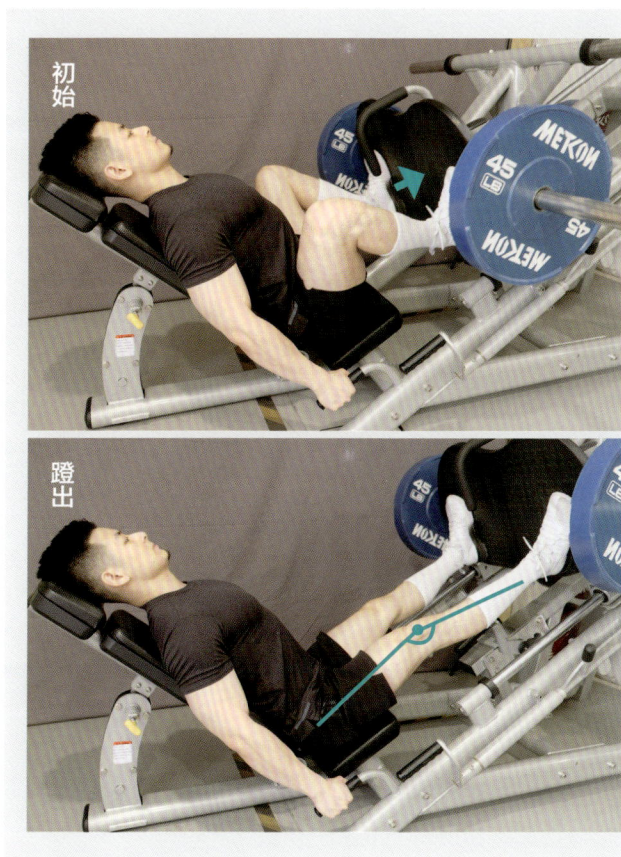

蹬出

3 双脚同时发力，将身体推离踏板。

4 双膝自然呈175°，不能完全打直到180°，否则有过伸的风险。

还原

5 有控制地还原到膝关节角度小于90°。

健美意义

增加腿围的针对性训练。

功能性

对下肢绝对力量的纯粹训练，腰部有损伤时深蹲的替代动作之一。

动作选择

倒蹬vs深蹲

倒蹬的重量一般会比深蹲大得多，所以很多人误以为倒蹬可以比深蹲给予下肢更强的刺激。这个观点其实是片面的。

倒蹬确实能给下肢更强的刺激，但仅仅是刺激膝关节附近的肌肉，如股四头肌。由于倒蹬动作中屈髋伸髋幅度有限，所以对于髋关节附近的肌肉刺激效果非常轻微。

深度知识

倒蹬确实比深蹲表现出更大的力量，这是因为在深蹲中限制最大力量表现的并不是下肢力量，而是核心力量。正如木桶效应中所描述的，木桶中最短的木板决定了桶中装水的高度，身体的最大力量表现也是由身体最薄弱区域决定的。相对于下肢而言，腹部核心区域相对力弱，成了决定深蹲力量表现的短板，从而影响整体深蹲的力量。但在倒蹬动作中，实际上是把核心区域屏蔽掉了，只用下肢做功，因此倒蹬就会显得比深蹲力量大。也正是因为如此，倒蹬中核心区域受到的刺激比深蹲小。从这个角度来讲，倒蹬和深蹲的作用不可同日而语。

在日常生活中，很少有坐着完成的运动形式。而在生活中常用到的跳跃动作是深蹲的进阶动作，所以从功能性这一点来讲，倒蹬是不能替代深蹲的。

另外，由于倒蹬动作角度的原因，屈膝、伸膝的幅度较大，对大腿的刺激比对臀部的刺激更充分，所以倒蹬动作对大腿前侧是不错的训练，对臀部的健美作用不明显。

综上，第一，倒蹬对于核心的刺激较小，在这一点上是比不上深蹲的，因为深蹲是一个大幅度动作，全身都参与，脊柱直接参与承重，核心区域能够得到很好的刺激；第二，深蹲是跳跃的一个专项训练，而倒蹬是在专门器械上完成的，没有太大的功能性意义，在现实生活中转化率并不高；第三，从健美需求来看，深蹲对臀、腿都能够起到一定的刺激效果，无论是前蹲还是标准深蹲，只要幅度到位，对于臀部和腿部都能起到一定的刺激效果，而倒蹬动作以腿部为主，对臀部的刺激很有限，倒蹬能够让大腿粗壮，但如果想刺激臀部，倒蹬不是最佳选择。

坐姿伸腿
参与肌肉：股四头肌

初始
1 身体稳靠在椅背上。

动作
2 向上抬小腿，尽量将膝关节伸直。

抬腿时脚尖旋外，则对大腿股四头肌内侧头刺激较多；脚尖旋内，则对股四头肌外侧头刺激较多；脚尖冲上，则更多地刺激股直肌。

呼吸：抬腿时呼气助力，下放时吸气放松。

初始　　动作

也可以采用单腿进行坐姿伸腿练习，集中单侧腿发力，强化弱侧肌肉力量。注意上半身保持稳定，不要代偿。

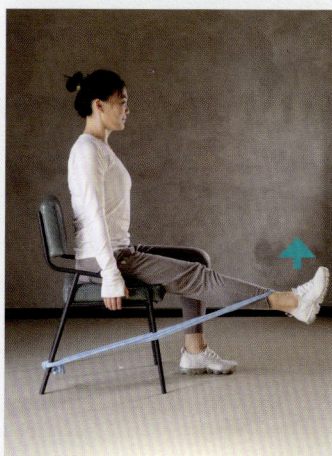

弹力带坐姿伸腿

在家可以进行弹力带坐姿伸腿练习，能起到紧致大腿肌肉的训练效果。

健美意义

能孤立地刺激大腿前侧股四头肌，是男士增加大腿围度的必选动作。而对于女性来说，如果长期进行伸腿训练，难免会使大腿前侧肌肉产生适应性肥大。如果不希望大腿前侧肌肉加粗，做伸腿训练时可注意选用低负荷（16RM以下）、低组数（2~3组）训练，且每周训练不超过两次。

功能性

提升大腿前侧股四头肌的力量，增加膝关节稳定性，对缓解膝痛有一定效果。

专业特供

跑步

对于长跑者来说，通过坐姿伸腿训练来增强膝关节附近肌肉力量是预防"跑步膝"的最直接做法。

俯卧勾腿

参与肌肉：腘绳肌

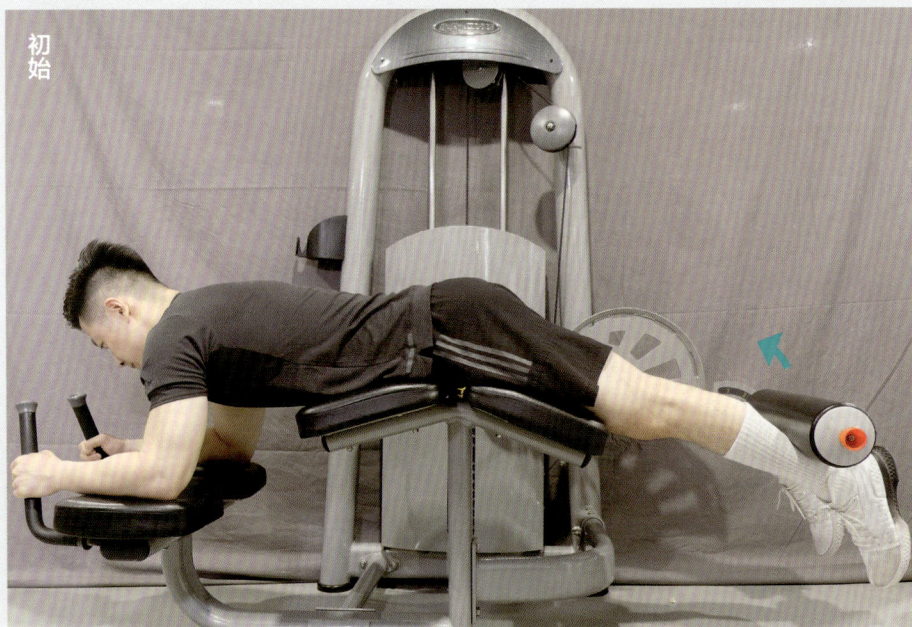

初始

1 稳定俯卧于器械上，双手抓握把手。

动作

2　向上抬小腿尽量到最高点，感受大腿后侧肌肉发力。

3　缓慢下放还原。

呼吸：勾腿时呼气助力，还原时吸气。

弹力带勾腿

也可以采用单腿进行俯卧勾腿练习，集中单侧腿发力，强化弱侧肌肉力量。

注意上半身保持稳定，不要代偿。

<table>
<tr><td>**教练有话说**</td><td>俯卧勾腿和坐姿伸腿是一组拮抗肌的训练，配合在一起训练对缓解膝痛、预防"跑步膝"和退行性关节痛有较好的效果。坐姿伸腿也可以用弹力带进行。</td></tr>
</table>

坐姿夹腿

参与肌肉：大收肌

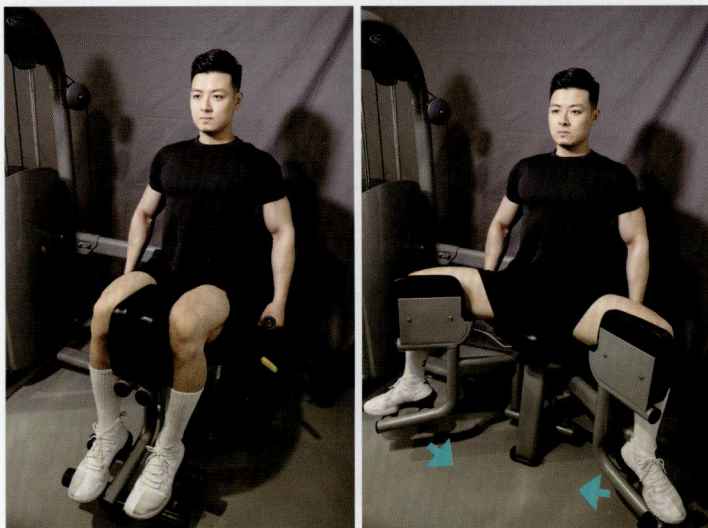

动作

1 内收小腿靠拢，感受大腿内侧肌肉发力。
2 缓慢还原到初始状态。
  动作速度一定要慢，在训练过程中始终保持张力。

呼吸：夹腿时呼气助力，打开时吸气放松。

大腿内侧肌肉属耐力型，绝对力量不大，建议采用多数量、低强度的训练负荷，让肌肉承受足够的训练量。

小球/瑜伽圈夹腿

健美意义

很多女性都为大腿内侧松软肥硕而苦恼，实际上，无论是器械夹腿还是瑜伽圈夹腿，坐姿夹腿对于女性训练者来讲都能紧致大腿内侧肌肉，长期坚持能使之在视觉上更加纤细。

功能性

能强化大收肌和股薄肌的力量，让下肢力量训练更加全面。对于产后恢复的女性来讲，进行坐姿夹腿训练，能够在强化大收肌的同时起到强化盆底肌的作用，帮助新妈妈加速恢复。

教练有话说　很多新妈妈在产后由于盆底肌和阴道括约肌的松弛，都有压力性漏尿的问题，通过进行坐姿夹腿练习，强化盆底肌力量，能有效缓解产后的不良身体状况。

坐姿外展腿
参与肌肉：臀中肌、阔筋膜张肌

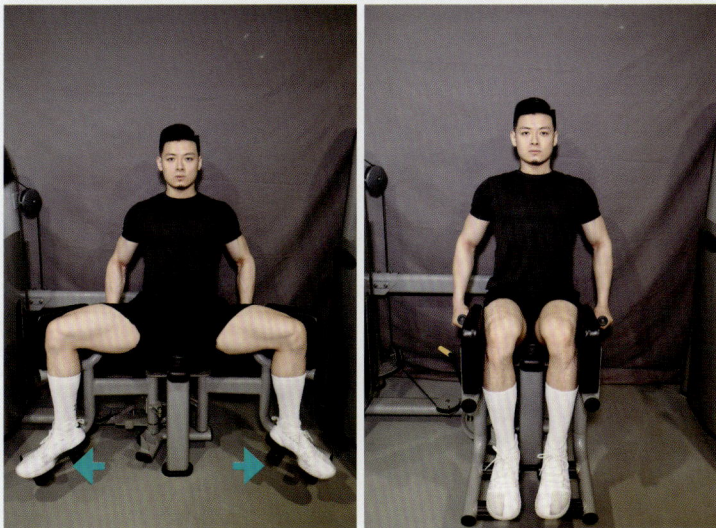

动作
1 双腿向外打开到极限，感受大腿外侧肌肉发力。
2 缓慢还原到初始状态，感受臀部张力。

呼吸：夹腿时呼气助力，打开时吸气放松。

站姿外展腿

蚌式

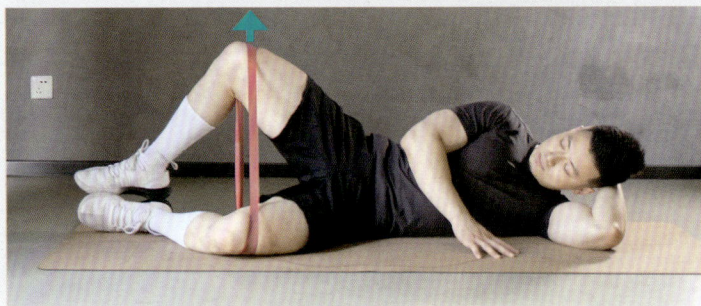

健美意义

对臀部肌肉尤其是对臀部上1/4处有很好的刺激效果，使臀部更加饱满圆润。

教练有话说　坐姿外展腿和坐姿夹腿是一组拮抗肌的训练动作。从功能性训练的角度来讲，坐姿外展腿与单腿硬拉所使用的肌群近似，在复合动作中能起到更好的训练效果。

下肢单侧动作（剪蹲）模式

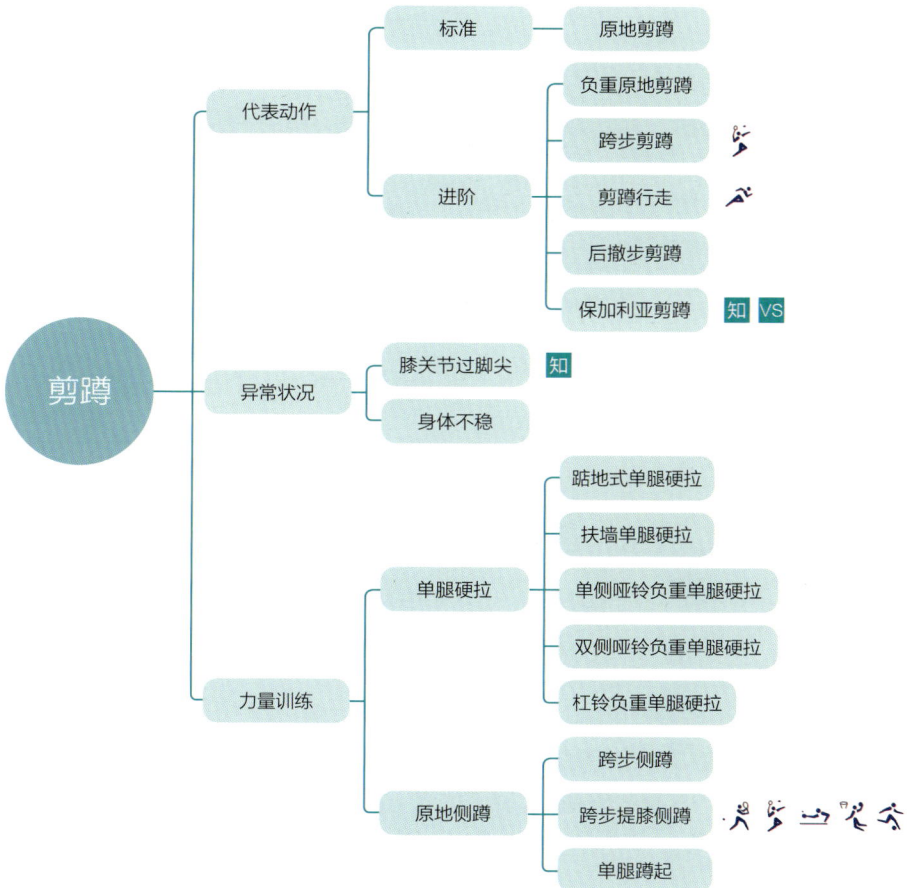

剪蹲
├─ 代表动作
│ ├─ 标准
│ │ └─ 原地剪蹲
│ └─ 进阶
│   ├─ 负重原地剪蹲
│   ├─ 跨步剪蹲
│   ├─ 剪蹲行走
│   ├─ 后撤步剪蹲
│   └─ 保加利亚剪蹲　知　VS
├─ 异常状况
│ ├─ 膝关节过脚尖　知
│ └─ 身体不稳
└─ 力量训练
   ├─ 单腿硬拉
   │ ├─ 跪地式单腿硬拉
   │ ├─ 扶墙单腿硬拉
   │ ├─ 单侧哑铃负重单腿硬拉
   │ ├─ 双侧哑铃负重单腿硬拉
   │ └─ 杠铃负重单腿硬拉
   └─ 原地侧蹲
      ├─ 跨步侧蹲
      ├─ 跨步提膝侧蹲
      └─ 单腿蹲起

双腿支撑的动作决定了我们的跳跃能力和力量水平，但在实际的生活和运动中，单侧支撑动作占大多数，走路或跑步都是交替单侧支撑。所以，下肢单侧支撑动作的训练对运动表现的提高必不可少。

下肢单侧动作主要发展下肢蹬伸能力、双腿交互协作的控制能力，能帮助我们提高身体稳定性，增强运动中的制动、变向和启动能力。

剪蹲动作由于幅度的限制，对于臀部的刺激不如深蹲，但大腿前侧伸膝肌群——股四头肌会得到较大刺激，因此这个动作能够加固膝关节，预防膝部损伤，属于马拉松爱好者不可不练的动作。

下肢单侧模式代表动作：原地剪蹲

▌动作目的

健美意义

原地剪蹲可以紧致臀、腿，强化腿部力量，防止臀腿部肌肉退化。对于想紧致双腿但无法完成深蹲动作的人来说，原地剪蹲简单易学、要点清晰，是适合一般人的动作。

功能性

在实际生活中多数运动是在单侧发力或者左右发力不平衡的状态下完成的。比如行走、跑步都是两腿交替支撑身体。原地剪蹲从动作模式来看，更接近于我们的生活，它没有深蹲那么稳定，从而增加了平衡的难度，强化了单侧肢体分别运动的能力。所以从功能性角度来看，原地剪蹲要比深蹲的功能性更强。

标准

原地剪蹲
参与肌肉：臀大肌、臀中肌、臀小肌、腘绳肌、股四头肌

初始　站起　找准蹲距

初始

1 确定站距：双脚与肩同宽，一脚后撤跪地，调整后脚的位置，直到前腿的踝、膝、髋关节均为90°，后腿的膝、踝为90°，髋关节为180°，这就是合适蹲距。找到合适的站距是原地剪蹲的第一步。

2 双脚脚尖均向前，后脚前脚掌支撑，脚跟竖直，并在动作中始终保持这个状态。

3 前腿膝关节对准脚尖方向，不能内扣。

　　膝关节对准脚尖，能最大限度地激活臀中肌。内扣则会加重内侧副韧带的负担，引起膝痛。

4 双手叉腰或抱在胸前，保证重心在身体中间。不能双手打开保持平衡，而要靠核心力量保持身体稳定。

　　维持重心是剪蹲训练非常重要的一环，能在训练下肢肌肉的同时加强核心控制能力。

5 头部保持中立位，下巴微收，保证后脑、胸椎、骶骨三点一线。

下蹲

6 遵循"信用卡原则"，即下蹲后，后腿膝关节最低点与地面的距离为一张信用卡的宽度。

站起

7 躯干始终保持竖直向上，双腿同时发力站起。

　　双腿像剪子一样同步合拢，前脚的整个脚底以及后脚的前脚掌要同时蹬地，使下肢同时打直站起。

呼吸：下蹲时吸气，站起时呼气助力。

进阶

负重原地剪蹲

单侧哑铃负重

双侧哑铃负重

杠铃负重原地剪蹲

　　进阶目的： 通过增加负荷来提高难度，从而加强整体刺激效果，提高训练效率。

难点：采用杠铃负重时会增加整体的平衡控制难度，对核心控制能力提出更高的要求。

建议：先进行哑铃负重，有一定控制能力后再进行杠铃负重。

跨步剪蹲

哑铃跨步剪蹲

杠铃跨步剪蹲

进阶目的：重心前后移动，增加了控制难度。对于运动员尤其是需要前后步伐训练的运动员来说，具有很强的专项迁移性。

难点：向前跨步完成标准剪蹲，然后蹬回，需要在前后移动重心的前提下保持身体稳定，增加了整体控制的难度；向前跨步时落点调控需要精准到位，也增加了神经控制的难度。

羽毛球运动中跨步接球

建议：在训练时注意控制躯干状态，不能前倾后仰。

剪蹲行走

进阶目的：增加在前进过程中对重心控制的难度，提高了对核心区域的能力要求，帮助我们在直线运动中获得稳定向前的能力。对于跑步运动来说，这是提高跑步质量，避免由于重心不稳导致能量外泄，使跑姿更加标准的专项力量训练。

难点：重心控制。行走时重心始终保持在一条水平线上移动，肌肉会感觉酸痛，需要较强的下肢肌肉耐力才能完成。

建议：必须具备一定的训练水平才能进阶。刚开始时建议徒手完成，不建议负重。

后撤步剪蹲

进阶目的：与剪蹲行走相比，没有视觉对摆动腿落地的帮助，进一步增加了动作难度，帮助我们提高本体感觉，增强身体控制能力。

教练有话说　本体感觉的提高能增强我们的身体控制能力，使运动中摔倒的风险大大降低。

难点：没有视觉的帮助，准确的落点只能依靠本体感觉去定位，控制动作的要求较高。

建议：先徒手进行，动作熟练后再负重。

保加利亚剪蹲

　　进阶目的： 抬高后脚高度，加大后腿弯曲幅度，增加整体动作的做功。帮助我们进一步加强调控平衡的能力，同时对前腿的臀部和后腿的大腿前侧进行深度刺激，增强训练效果。

　　难点： 后脚抬高以后，对平衡的要求较高。

　　建议： 先徒手进行，动作熟练后可按照单侧哑铃→双侧哑铃→杠铃的顺序逐步增加负重。

▍动作选择

如何选择不同的剪蹲动作

　　从动作模式来看，杠铃、哑铃或者徒手剪蹲动作只是负重发生变化，动作模式都是一致的，发力结构和要点并无不同。

　　从健美意义来看，杠铃、哑铃或徒手剪蹲都能让腿部更加匀称、紧致。但由于负重的不同以及握力的限制，杠铃对肌肉的刺激效果最大，哑铃次之，徒手最小。

　　从功能性训练的角度来看，杠铃跨步剪蹲的训练能够最高效地提高身体调控重心的能力，让我们学会在运动中如何保持身体平衡，所以功能性更强。

总的来说，如果以健美身材形态为目的，原地剪蹲和保加利亚剪蹲即可；如果热爱球类及变向较多的运动，跨步及后撤步剪蹲更加合适；如果是跑步尤其是长跑爱好者，剪蹲行走则为首选。

深度知识　由于单腿的不稳定性因素，剪蹲动作整体承重能力有限，建议剪蹲时最大承重不超过深蹲最大力量的70%，以30%～50%为佳。动作的动态因素越强，越要减小负重。

下肢单侧模式异常状况

▍膝关节超过脚尖 ✚

后腿膝关节不做弯曲，或前后脚蹲距过窄。

深度知识　标准深蹲到最低点时，膝关节超过脚尖属于正常现象，不仅无害，反而是屈髋充分的象征，能更好地激活臀部肌肉。但是在剪蹲中，如果膝关节超过脚尖，代表重心过于前倾，此时全身的重量都会集中到前腿膝关节的前交叉韧带处，增加膝痛的风险。

纠正方法：在原地剪蹲中，先找到合适的蹲距再做动作；在跨步剪蹲中，先找好落脚点再开始动作；后腿要随着身体的上升、下降同步发生弯曲，不能后腿不做动作。

教练有话说　原地剪蹲到最低点时，如果依旧能看到自己的脚尖，证明动作标准，如果看不到脚尖，则证明重心过于靠前或下蹲过低。

▍身体前倾后仰或左右摇晃 ✚

重心调控不得当。

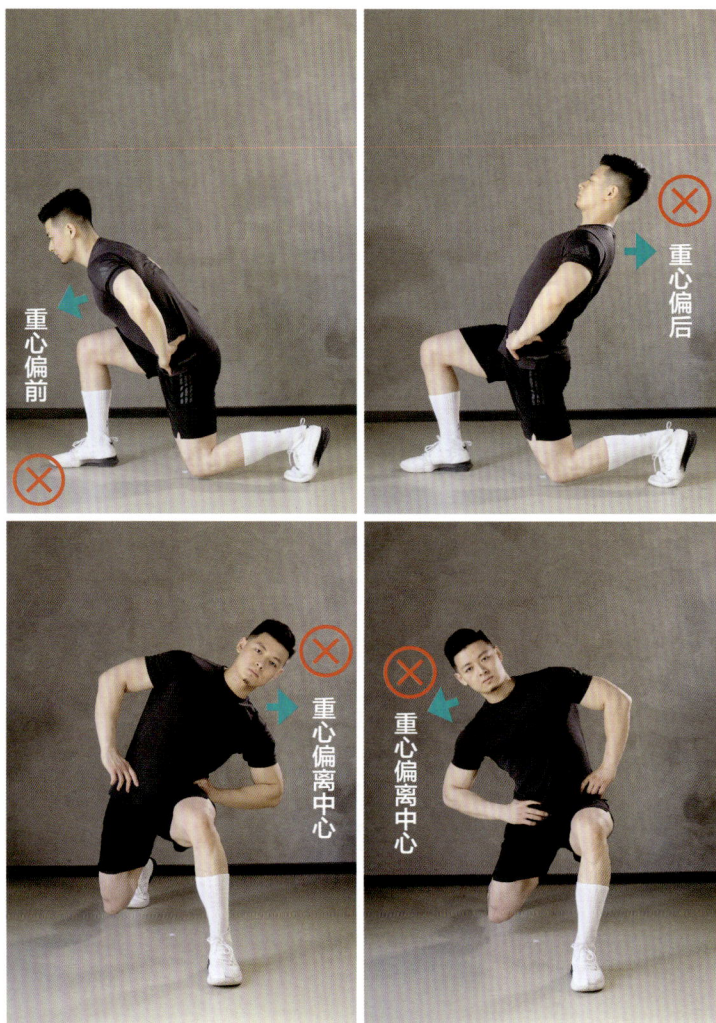

重心偏前 ⊗

重心偏后 ⊗

重心偏离中心 ⊗

重心偏离中心 ⊗

教练有话说　剪蹲的最大意义就是单腿支撑下的重心控制，身体的前倾后仰则都是重心不稳的表现，在这种状态之下，剪蹲就失去了其功能性意义，丧失了进阶的能力。所以，必须保证在躯干竖直状态下进行剪蹲动作。

　　纠正方法： 加强核心控制能力。在拥有足够的核心控制能力之前，建议先做原地剪蹲，并可以借助支撑物帮助自己找好平衡，先做好标准动作，在能力提升之后再逐步脱离。

下肢单侧模式力量训练

在单侧支撑运动中，由于其不稳定性增加了控制的难度，同时也增加了动作的风险，所以不建议在单侧支撑运动中进行绝对力量的训练。

一般来讲，单侧支撑动作模式更看重训练的功能性，毕竟人体的大部分日常运动，只要是需要全身参与的，都是在单侧的交替支撑与摆动中进行。所以，单侧支撑运动对于我们的日常生活和体育运动都有很强的迁移性，能帮助我们提高生活质量和运动能力。

另外，每个人都有惯用肢体和非惯用肢体，身体两侧难免有差异，而这些差异会导致身体的不平衡，增加损伤风险。这个问题可以通过单侧模式力量训练来改善。

所以，下肢单侧模式之下的力量训练通常负重较轻，在训练中更看重质量而不是数量，一切都是为了让动作具有更好的迁移性。

单腿硬拉

参与肌肉：臀中肌

初始
1 单侧手持哑铃于身侧，将重心移到同侧腿上，对侧腿向后弯曲。

俯身
2 支撑腿微屈到膝关节在脚背正上方，不能超过脚尖，保持稳定。屈髋俯身到身体与地面平行，体会臀部拉伸感。
   屈髋的动作要求与硬拉基本一致。俯身角度视自身柔韧度而定，身体与地面平行是最佳状态，但腰背部始终保持中立位是前提，如果为了俯身而弯腰弓背代偿，这个动作就失去了意义。

还原
3 蹬地收臀，慢速站起，保持稳定，然后重复动作。
   站起时最重要的是保持平衡，不能左摇右晃，尤其是骨盆不能发生任何翻转，始终保持在中立位。

呼吸：俯身时吸气，起身时呼气。

健美意义

臀中肌位于臀部上侧，通过单腿硬拉的训练能让臀部从视觉上显得更加上翘丰满。女性想要拥有"蜜桃臀"，预防臀下垂，不仅要进行深蹲、剪蹲等臀大肌训练，还要对臀大肌上侧的臀中肌进行训练，这样练出来的臀部才会更加丰满圆润。

功能性

臀中肌是维持人体直立姿势，帮助保持平衡的重要肌肉，通过单腿硬拉的训练能提高运动表现和生活质量。

新手退阶

蹬地式单腿硬拉→扶墙单腿硬拉

退阶目的：通过增加支点加强了稳定性，帮助减轻平衡负担，更好地感受臀部发力。

踮地式单腿硬拉　　　　扶墙单腿硬拉

要点：后脚不悬空而是轻轻踮地，在身体不稳的时候给自己支撑。如果踮地式单腿硬拉依旧难以保持平衡，可以先找固定物帮助稳定身体。

建议：没有运动经验的训练者建议从扶墙单腿硬拉开始，逐步进阶。

强度进化

单侧哑铃负重单腿硬拉→双侧哑铃负重单腿硬拉→杠铃负重单腿硬拉

单侧哑铃负重单腿硬拉

双侧哑铃负重单腿硬拉

杠铃负重单腿硬拉

进阶目的： 通过提高负重，增加控制难度，从而强化刺激效果，帮助我们进一步提高臀中肌力量，提高身体的稳定控制能力。

要点： 负重要以身体能保持动作要求为度。

建议： 动作质量是第一位，不要为了追求难度而一味增加负重，放弃动作质量。

原地侧蹲

参与肌肉：臀大肌、大收肌

初始

下蹲

换腿

初始

1 双脚两倍于肩宽站立，躯干竖直。

下蹲

2 将重心转移到单侧腿，屈髋，单腿屈膝下蹲，直到臀部低于膝关节，保持躯干竖直。

站起

3 蹬地收臀站起，然后换腿重复动作。

　　侧蹲的完美动作应该是和深蹲时的任一侧下蹲状态一致。两种动作从侧面看，剪影能重合才是最佳。

呼吸：下蹲时吸气，站起时呼气。

健美意义

原地侧蹲能强化大腿内侧肌肉，使松软而无力的大腿内侧变得紧致，帮助女性健身者练就美腿。

功能性

侧蹲训练对于变向启动能力尤为重要，是需要侧向移动的运动项目中必不可少的训练内容。通过侧蹲训练，能在获得有力的大收肌的同时提高变向能力，提高运动表现。

强度进化

跨步侧蹲

跨步提膝侧蹲

专业特供

足球

以足球运动为例，由于足球运动员脚下动作精细复杂，对抗形式多样，所以对于身体变向能力的要求极高，在做侧向折返变向跑时，动作变慢，实际上就是一个侧蹲+转身的动作。练好侧蹲，能提高折返运动能力。

进阶目的：重心的左右移动增加了控制难度，同时使之具有了左右重心转换的属性，除了塑形健美的效果，更是需要左右移动步伐的运动员的训练利器。

难点：左右跨步蹬回，需要在重心左右转换的前提下保持身体稳定，增加了下蹲到标准位置的控制难度。

建议：先徒手进行，循序渐进。负重时注意不要承受过大重量，一般建议为深蹲最大重量的30%～40%，也可只用哑铃负重，保证动作质量。

专业特供

在网球、羽毛球、篮球、足球等运动中，由于场地大、空间大，除了前后移动的能力之外，左右侧移的能力也不可少；在乒乓球等小空间运动范围的项目中，左右移动能力更是致胜关键。

单腿蹲起

参与肌肉：股四头肌、臀中肌、臀大肌

1　双手向前平举，一腿前伸。
2　支撑腿屈膝屈髋，下蹲到臀部低于膝关节。
3　蹬地收臀站起。

健美意义

强化大腿前侧肌肉，激活臀部深层臀中肌，帮助训练者强壮臀、腿。这个动作对大腿前侧刺激较多，不愿练出粗壮大腿的女生慎选。

功能性

增强身体平衡与稳定控制能力，提高运动表现。

上肢推动作模式

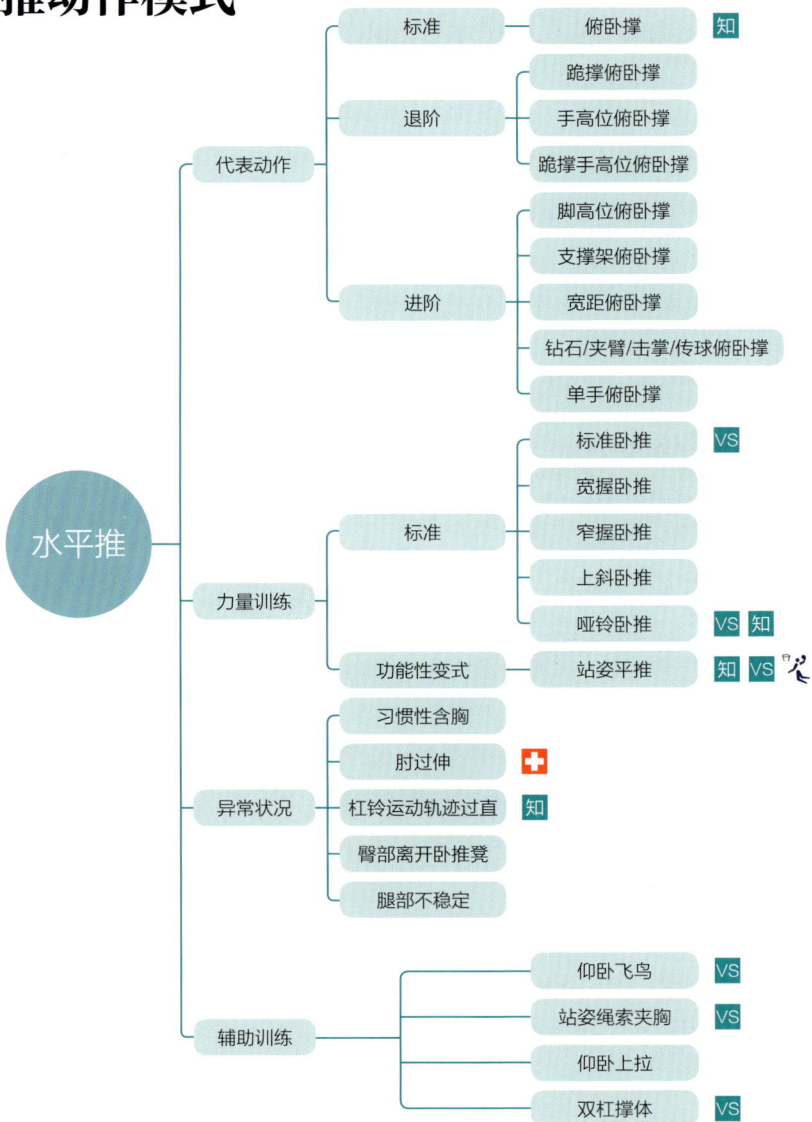

水平推

代表动作

标准
- 俯卧撑 [知]

退阶
- 跪撑俯卧撑
- 手高位俯卧撑
- 跪撑手高位俯卧撑

进阶
- 脚高位俯卧撑
- 支撑架俯卧撑
- 宽距俯卧撑
- 钻石/夹臂/击掌/传球俯卧撑
- 单手俯卧撑

力量训练

标准
- 标准卧推 [VS]
- 宽握卧推
- 窄握卧推
- 上斜卧推
- 哑铃卧推 [VS] [知]

功能性变式
- 站姿平推 [知] [VS]

异常状况
- 习惯性含胸
- 肘过伸 [+]
- 杠铃运动轨迹过直 [知]
- 臀部离开卧推凳
- 腿部不稳定

辅助训练
- 仰卧飞鸟 [VS]
- 站姿绳索夹胸 [VS]
- 仰卧上拉
- 双杠撑体 [VS]

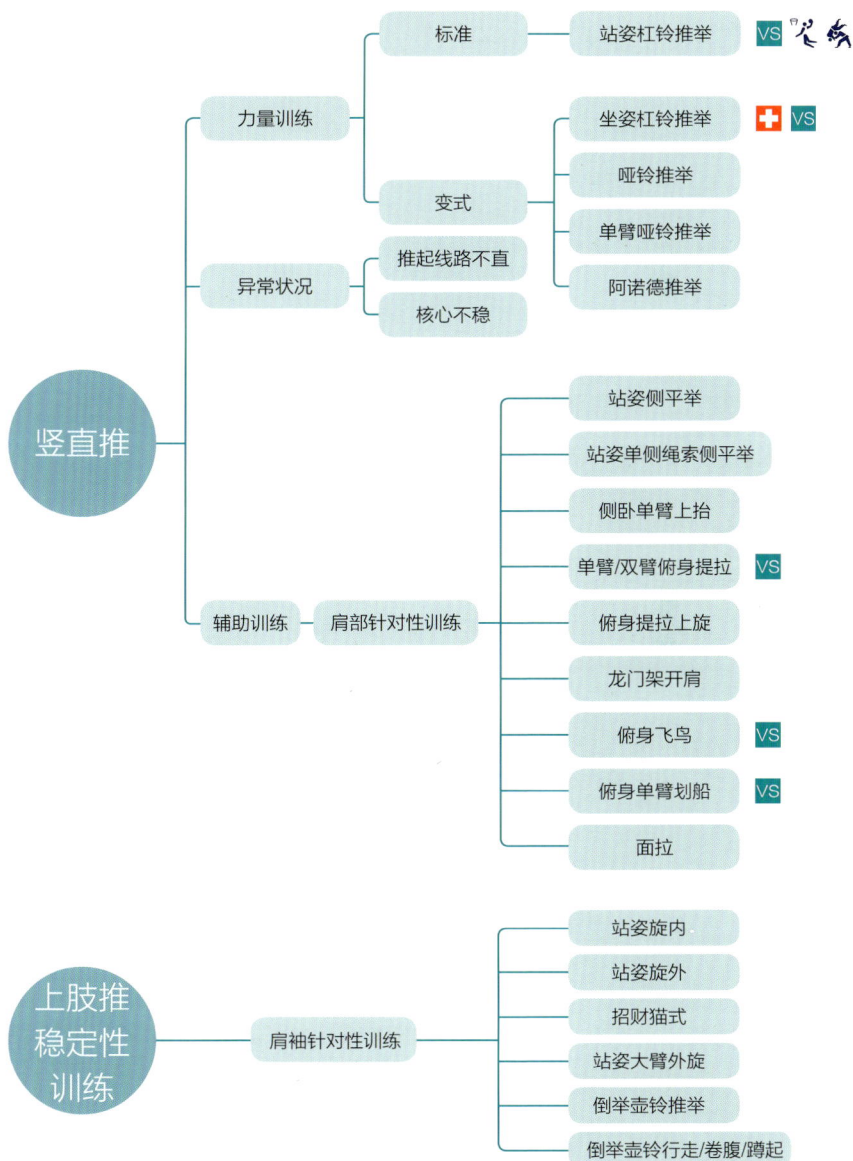

　　上肢推动作模式从方向上可分为"推"和"举"两个动作。"推"是水平推，代表动作是俯卧撑；"举"是竖直推，代表动作为肩上推举。

　　推和举是上肢不可或缺的能力，想要发展上肢肌肉围度，少不了卧推训练；想要提高爆发力，少不了上举训练；想要随时随地练习上肢，少不了俯卧撑训练。

水平推模式代表动作：俯卧撑

▌动作目的

健美意义

新手训练的不二选择，女性消除副乳的好帮手。

深度知识	副乳的产生主要有两个原因：一是肥胖，二是肌肉量不足导致的松弛。对于第一个原因导致的副乳，我们不能仅仅通过俯卧撑来改善，全面减脂才是改善肥胖的有效办法；对于肌肉量不足导致的副乳来说，通过俯卧撑训练增强胸大肌，紧致胸部肌肉，是轻松消除副乳的好办法。

功能性

　　水平推动作在生活中处处可见，推门、把对手推开或是向前推动某个物体都是水平推动作的直接体现。俯卧撑虽为俯撑姿势，但其动作是在脚支撑状态下的全身发力训练，对于整体推链的刺激反而比卧推更为完整，是提高前推能力的经典动作。

标准

俯卧撑

参与肌肉：胸大肌、肱三头肌、三角肌前束

初始

1　前脚掌支撑，双脚距离一般与肩同宽。
　双脚并拢，稳定控制难度较高；双脚分得越开，稳定控制难度越低。

初始

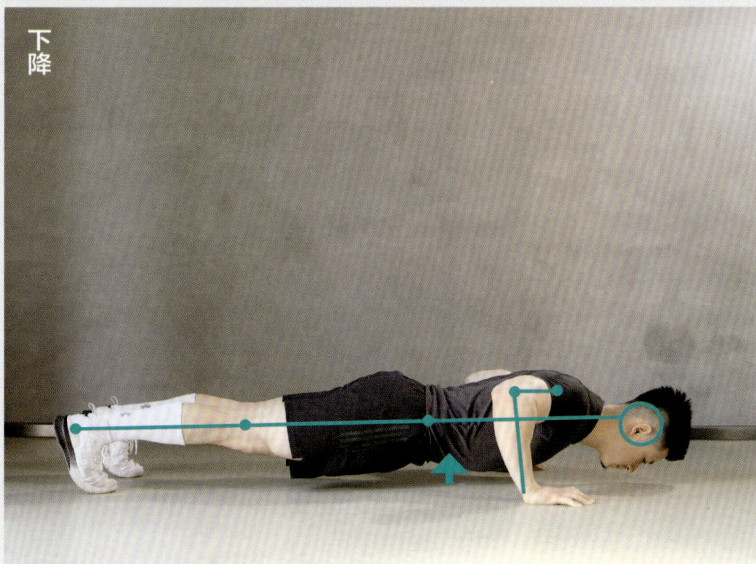

下降

2 核心收紧，骨盆处于中立位，背部平直不可前倾。
  判断标准为臀部不向上拱，腰部没有明显凹陷。
3 肩胛骨下沉，保证不耸肩；后缩肩胛骨，保证挺胸状态。
4 双手指尖向前，放于胸部高度。
  双手间距越大，胸大肌参与越多，肱三头肌参与越少；反之亦然。

下降

5 保持身体稳定，大臂与身体夹角约75°。

大臂与身体的角度越大，胸部刺激越多；角度越小，手臂肱三头肌刺激越多。建议75°，此时胸部与手臂参与比例为7：3。

6 最低位置时，肘关节小于90°。

推起

7 注意力在胸部，双手推地。

8 肘关节角度大于90°后，找大臂向里夹胸的感觉，直到最高点。

最高位置时，肘关节角度略小于180°，不能完全打直，以免过伸。

退阶

跪撑俯卧撑

退阶目的：通过缩短力矩的原理降低训练难度，帮助力量较弱的训练者更好地掌握标准动作。

要求：虽然改用膝关节支撑，但其他要点与标准俯卧撑一致，必须保证其他部位的姿态不变。

建议：女性可以先尝试跪撑俯卧撑，如果仍然比较艰难，可以做手高位俯卧撑，撑位越高越简单。

手高位俯卧撑

　　退阶目的：通过减小支撑负担来降低训练难度，帮助力量较弱的训练者更好地掌握标准动作。

　　要求：训练要求与标准俯卧撑一致。

　　建议：新手可以从最低难度开始尝试，逐步增加训练难度。

跪撑手高位俯卧撑

教练有话说　　俯卧撑的变式主要是通过双掌位置的间距变化以及手脚高度的变化来调节难度。脚在下方时，手的位置越高，需要手支撑的重量越少，动作就越简单，所以推墙俯卧撑是最简单的俯卧撑动作。如果手在下方，脚的位置越高，动作就越难，比如倒立撑就是最难的俯卧撑动作。但无论怎么变化，所有的俯卧撑动作发力模式并无区别，可以按自己的需求和能力选择适合自己的高度位置进行练习。

进阶

脚高位俯卧撑

进阶目的：通过抬高身体重心，增加了上肢需要承担的重量，从而加大对胸大肌的刺激。抬高双腿之后，主要训练部位更倾向于胸大肌上部，能帮助我们提高上胸的饱满程度。

要求：与标准俯卧撑要求一致。

建议：先保证动作质量，再考虑进阶，如果动作质量无法保证，则建议退阶到标准俯卧撑。

支撑架俯卧撑

　　进阶目的：支撑架增加了人体下降的空间，使得胸大肌在最低点拉到更长状态，增加做功距离，使抬升过程更费力，能使胸大肌得到更大的刺激，提升胸部的整体围度。

　　要求：与标准俯卧撑要求一致。

　　建议：能训练到整个胸大肌，需要有一定的力量基础。

宽距俯卧撑

　　进阶目的：通过增大撑距，使胸大肌外侧更多地参与发力，帮助男士塑造更方正的胸部外沿形态。

　　要求：与标准俯卧撑一致。

　　建议：可以按照自己的力量水平和需求，在手高位、平地、脚高位任何状态下进行。

教练有话说　不建议女性过多练习宽距俯卧撑，以免引起胸部外扩，影响胸部形态。

钻石俯卧撑

进阶目的：通过缩短撑距，增加胸大肌内侧的发力参与程度，从而更好地刺激到胸部内侧。

要求：与标准俯卧撑一致。

建议：可以按照自己的力量水平和需求，在手高位、平地、脚高位任何状态下进行。

教练有话说　这个动作对于提升"事业线"来说非常有针对性。

夹臂俯卧撑

进阶目的：通过夹肘的形式降低胸部参与程度，增强对大臂后侧肱三头肌的刺激效果，以提高手臂力量。

要求：与标准俯卧撑要求一致。

建议：这个动作有一定难度，可以先在跪撑状态下训练。有效刺激大臂后侧肌肉，对于女士消除"拜拜肉"来说是针对性极强的训练。

击掌俯卧撑

进阶目的：通过击掌动作，增加了快速推起的难度，能强化上肢爆发力，提高运动表现。

要求：落地之后的每一次下放，都要按照标准俯卧撑的动作进行，而每一次推起都要以尽可能快的速度完成。有控制，有爆发，才能获得最佳训练效果。

建议：这个动作对身体控制的要求较高，需要有较好的训练基础，否则容易摔倒。建议先从跪姿做起。

传球俯卧撑

进阶目的：通过传球动作，增加了整体控制及快速推起的难度，与击掌俯卧撑一样是以提高上肢爆发力为目标的训练，但比击掌俯卧撑稍简单一些。

要求：与击掌俯卧撑一致，有控制，有爆发。

建议：适合有提高上肢爆发力需求的训练者，建议先在跪撑状态完成，熟练之后再用双脚支撑。

单手俯卧撑

进阶目的：通过减少支点增加控制难度，提高对核心区域的刺激效果，帮助强化核心控制能力。

要求：单侧支撑时，躯干其他部位不得发生旋转或偏转，动作与标准俯卧撑一致。

建议：动作整体控制难度较大，适合力量基础较好的训练者。初学者可以先从静态单手平板支撑做起，逐步过渡到跪姿单手俯卧撑，最后再进行单手俯卧撑的练习。

水平推模式力量训练：卧推

从参与发力的肌肉来看，俯卧撑和卧推几乎完全相同，只不过一个是俯撑推地球，一个是仰卧推自己。

标准卧推
参与肌肉：胸大肌、肱三头肌、三角肌前束

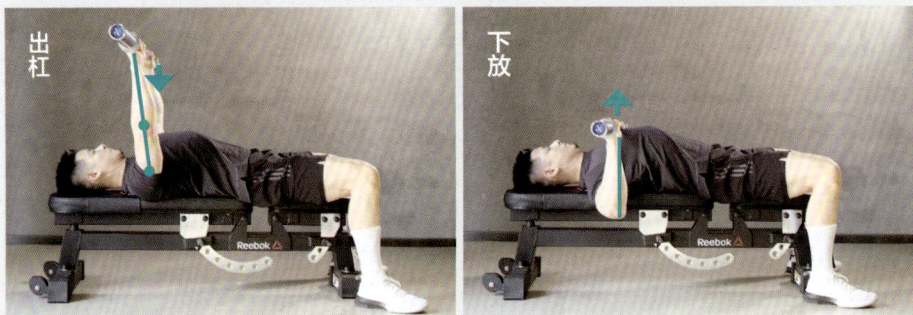

初始

1 仰卧于凳上，眼睛位于杠铃正下方。

　　初始仰卧位置，如果杠铃高过头顶，会增加出杠时大臂角度，对肩关节稳定性的要求更高，损伤风险更大；如果杠铃低于鼻尖，则会增加卧推过程中杠铃与支撑架相撞的概率。

2 双脚内收支撑身体。

　　双脚与肩胛骨形成三点稳定支撑，是卧推的安全保障。

3 肩胛骨后缩顶住凳面。

　　在整个动作中保持肩胛骨后缩的状态，能使胸大肌位于中立位，更利于胸大肌发力。

4 双手环握抓住杠铃。

出杠

5 调整呼吸，轻轻吸气，微憋一口气，收紧核心，出杠。

6 出杠后，杠铃在肩部正上方，手腕垂直不弯折。

下放

7 杠铃下放到胸口正上方，微微触胸，此时小臂依然垂直于地面。

推起

8 向斜上方推起，使杠铃还原到肩部正上方，保持稳定，重复动作。

新手往往以为卧推时杠铃的轨迹是直上直下，实际上并非如此。从肩部正上方到胸口正上方有5~10厘米的横向距离，所以下放时杠铃是向斜下方，推起时是向斜上方。

卧推节奏

1 如果为了增肌，动作节奏就要放慢，体会肌肉被唤醒、激活的感觉，以及在慢速动作中的泵感。

2 如果为了提高爆发力，建议慢下快起，4秒下放，以最快速度推起。

无论节奏如何，都是下放阶段吸气，推起阶段收紧核心并呼气助力。如果是超大负荷训练，在推起过程中建议憋气，以保证核心稳定。

动作选择

卧推是上肢推动作的经典代表，也是上肢力量训练的不二之选，对于胸部、肩部及大臂都能起到很好的刺激作用。根据器械和握法的不同，卧推可以分为以下形式：

（1）根据握法区分为宽握卧推、窄握卧推、反握卧推。

（2）根据仰卧状态区分为上斜卧推、水平位卧推、下斜卧推。

（3）根据器械区分为杠铃卧推、哑铃卧推。

各种各样的卧推形式对于肌肉有不同的刺激效果，在训练时要根据自己的需要去选择合适的握距以及仰卧角度，从而更好地达到训练目的。

不同握距对肌肉的刺激

握距	正常握距	宽握	窄握
示意图			
双手间距	拇指间距离比肩略宽	拇指间距离1.5倍于肩宽	拇指间距离小于肩宽
刺激肌肉	胸大肌及三角肌前束为主，肱三头肌为辅	胸大肌及三角肌前束是绝对主角，肱三头肌略少	胸大肌及三角肌前束略少，肱三头肌为主
刺激部位	整个胸部为主，肩部前侧次之，大臂后侧为辅	胸大肌外侧为主，肩部前侧次之，大臂后侧较少	大臂后侧为主
选择建议	效果与标准俯卧撑一致，对胸部和手臂同时进行刺激	效果与宽距俯卧撑一致，可用于塑造胸部外侧形态	效果与窄距俯卧撑一致，可用于刺激手臂后侧肌肉

不同仰卧角度对肌肉的刺激

平板角度	水平位卧推	上斜卧推
示意图		
刺激肌肉	胸大肌整体偏中束、三角肌前束、肱三头肌	胸大肌上束、三角肌前束
选择建议	效果与平地俯卧撑一致，可使胸部和手臂同时得到训练	效果与脚高位俯卧撑一致，对胸部上部进行训练

杠铃卧推vs哑铃卧推

哑铃卧推

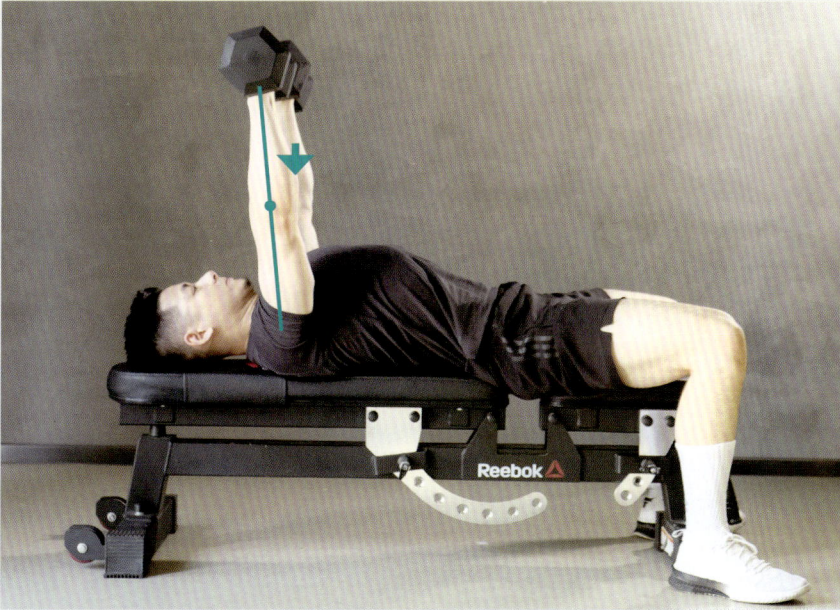

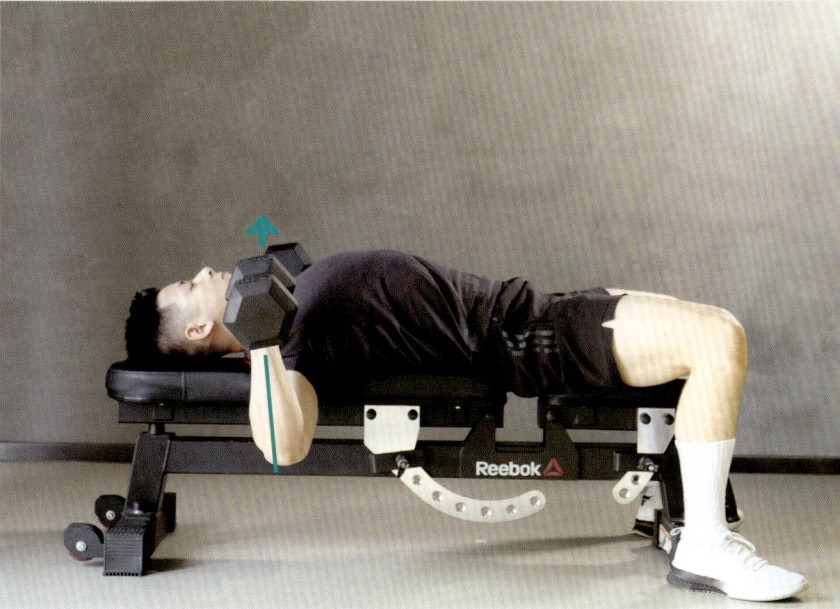

刺激肌肉：二者在肌肉发力上并没有什么区别，都是以胸大肌、三角肌前束和肱三头肌为主。

难度：哑铃卧推比杠铃卧推难度稍大，因为哑铃是两个分离的器械，推动时更加不稳定，难以控制。

深度知识	一方面，由于哑铃卧推的不稳定特性，能动员更多的小肌肉去参与维持上肢的稳定，对稳定肌群能起到一定的刺激效果；另一方面，不稳定导致承重能力受限，所以哑铃卧推的负重能力不如杠铃卧推。

运动轨迹：哑铃卧推轨迹更自由，能提供比杠铃卧推更大的做功距离，对于胸部的健美塑形能起到更大的刺激效果。

卧推vs俯卧撑

动作模式一致：俯卧撑是上肢推动作模式中水平推的代表，卧推动作的本质也是水平推。

训练部位一致：二者都以训练胸大肌、三角肌前束和肱三头肌为主。

动作要领一致：最关键的是卧推和俯卧撑都是在挺胸夹背的状态下去找大臂夹胸的感觉。无论是卧推还是俯卧撑，都不能想着把手臂伸直伸长，而是要在推起的过程中让大臂夹住身体，只有如此才能达到最佳的胸部训练效果。

动力链不同：卧推是开链运动，俯卧撑是闭链运动。

深度知识	闭链运动可以简单理解为在运动中推某个物体时，这个物体的绝对质量大到你无法移动它，反而移动了自己。俯卧撑就是如此，我们在做俯卧撑时，实际上是在试图推动地球，由于地球太大，所以只能把自己推起。 开链运动可以理解为远端肢体可以改变你所接触的物体状态，比如在卧推中，杠铃随着手臂的运动做上下运动，就是一个典型的开链运动。 生活中大部分的上肢运动都属于开链运动，从这个角度看，卧推比俯卧撑更具功能性。

进阶程度不一样：俯卧撑进阶空间有限，无论如何变式，撑起的还是自己的重量；虽然可以通过增加负重片的形式增加重量，但一个人很难实现，卧推则可以自由地通过加减杠铃片，按照自己的能力进阶，让身体不断战胜新的挑战。

卧推的功能性变式：站姿平推

动作选择

从动作模式的角度来看，卧推是仰卧状态的站姿平推，站姿平推是站姿状态的卧推。

从功能性角度来看，生活中大部分推的动作都是在站立状态下完成的，站姿平推从这一点上看比卧推更具功能性，更符合生活中的运动需求。

从推起的负荷来看，卧推由于状态稳定，所以能推起更大的重量。但在站姿平推中，由于双脚的两点支撑不如平板的支撑稳定，加之躯干核心区域的短板力量限制，所以站姿平推的负荷一般只有卧推的30%左右。

专业特供

篮球

如果训练目的是提高上肢的最大力量，增加胸大肌的厚度和围度，则卧推更适合；如果训练目的是提高上肢推的功能性表现，比如说篮球传球的稳定性及速度，则站姿平推更符合。当然，把这两个动作结合在一起练是最佳的选择，在提高力量的同时，加强整个动作的功能性和动力链的顺畅程度，让你拥有更好的运动表现、更好的胸部形态和围度。

胸部训练可以丰胸吗？

男性可以通过卧推锻炼胸部，增大胸围，那么女性是不是也可以通过卧推起到丰胸的效果呢？没错，女性同样可以通过卧推锻炼胸部肌肉，但是女性的目的通常是要一对丰满的乳房，并不是胸大肌，所以单纯通过卧推想要达到丰胸的效果是不可能的。卧推会让你的胸围变大，消除副乳，当你站立的时候胸部会显得更加挺拔。但如果试图用卧推丰胸，可能会有适得其反的效果。胸大肌练大了，可能会导致胸型外扩，乳房看上去会有下垂的感觉，乳间"事业线"可能会变宽，从"峡谷"变成平坦的"飞机场"。

因此，不建议通过卧推动作去丰胸。对于女性来说，一周练一次卧推或者俯卧撑就够了，对于消除副乳会有很好的效果。

水平推模式异常状况

▌习惯性含胸 ✚

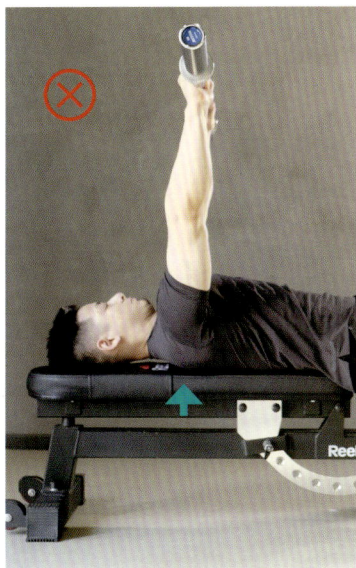

推起后习惯性含胸

纠正方法：训练是对生活状态的强化，生活中你若不希望含胸驼背，在训练中就一定要注意避免。无论是做俯卧撑还是卧推，都要始终保持挺胸夹背的状态。在开始做动作之前，先后缩收紧肩胛骨并挺胸，然后保证整个动作都在挺胸状态下完成。

教练有话说　很多初学的训练者觉得，把肩胛骨向后锁住训练时，发力会受到限制。但其实，在肩胛骨前伸（也就是含胸）时，胸大肌是短缩状态，根本发不上力。只有在挺胸（肩胛骨后缩）状态去完成俯卧撑或卧推动作，才能最大限度地刺激胸大肌而不是手臂肌肉。

▌肘过伸 ✚

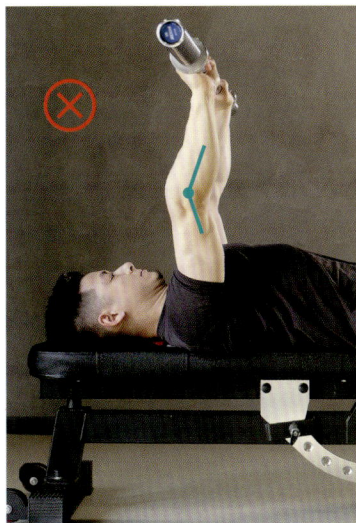

推起后肘过伸

原因：对动作理解不到位。很多训练者以为推起时肘部伸得越直越好，实际上并非如此，胸部的刺激只与大臂和肩关节相关，伸肘只是为了让大臂内收更加充分而已，所以只需要把手臂伸直到直线状态即可，不能出现向后的反弓曲度。

✚ 伤痛特供

肘部完全打直到出现反弓状态时有些人会感觉很轻松，其实是利用骨骼直接支撑重量（身体重量或杠铃重量）。反复这种错误的动作会加剧骨骼的磨损，导致疼痛产生。

纠正方法：在动作过程中，不要以伸直手臂为终点，推起时肘关节角度大约170°，而不是180°。要将重点放在大臂向内夹紧胸部上，有意识地控制肘关节角度，充分感受大臂对胸部的挤压。

▌手臂过于主动，杠铃运动轨迹过直 ✚

推起时手臂过于主动

原因：对动作理解不到位。初学者通常以为，推起时肩关节处大臂与躯干呈90°，直上直下地推杠铃，实际上这种状态非常容易造成肩峰撞击综合征。

另外，在标准卧推或俯卧撑动作（不包括窄距俯卧撑或窄握卧推）中，如果大臂后侧感觉刺激强烈，而胸部毫无感觉，则说明动作出现了偏差，在整个动作中手臂过于主动了。

纠正方法：根据动力链理论，最恰当的发力模式是以大带小，以达成最佳的发力效果。在卧推或俯卧撑中也是如此，胸大肌体积比肱三头肌大，绝对力量比肱三头肌强，所以最佳发力次序应该是胸大肌优先，肱三头肌辅助。所以在标准卧推或俯卧撑训练中，一定要更加强调胸大肌的发力。大臂与躯干呈75°，杠铃在肩与胸之间做斜方向的运动。

深度知识

胸大肌是一块只能驱使大臂在肩关节处进行运动的肌肉，而卧推是一个包含肩肘运动的多关节训练动作。在卧推中，要想更好地刺激到胸部，就要把注意力和动作重点放在肩关节上。杠铃下放过程实际就是大臂在肩关节处外展加后伸动作的仰卧表现，而上推过程实际就是大臂在肩关节处内收加前伸动作的仰卧表现，这两个动作才是卧推刺激胸部肌肉的根源。屈肘是为了让大臂在肩关节处下放更充分，伸肘则是为了给大臂在肩关节处的运动制造更好的空间，让大臂内收到极限，使得胸大肌在这个动作中被充分拉长，然后缩到最短。

一定要注意大臂夹胸这个动作不是伸肘，伸肘只是为了让夹胸更充分，所以不用刻意把手臂完全打直。无论在卧推中还是在俯卧撑中，这点都要特别注意，动作的要点是大臂夹胸。

卧推时臀部离开凳子 ✚

原因：不注意腰部状态。

纠正方法：五点（头部、肩部、臀部以及双脚）支撑是卧推的基础。由于人体自然生理曲度，腰部与凳面之间会有一定的间隙，但臀部一定要顶住凳子。因为臀部是中心区的支点，如果臀部离开凳子，就是腰部在发力支撑，此时腰部会形成反弓，对我们的腰椎会产生不利的影响，导致腰痛甚至腰椎间盘突出。所以，在训练中要有意识地控制臀部的发力状态，不能完全放松，更不能顶起臀部借力。

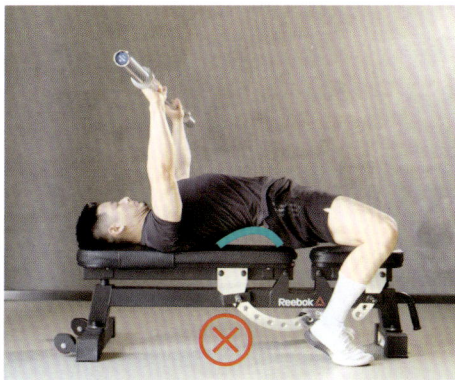

卧推时臀部离开凳子

卧推时不在意腿部稳定状态 ✚

原因：很多人习惯在卧推时将双腿抬起来，抬腿时紧张的椎旁肌会得到放松，感觉腰部十分舒适，所以这种练法有许多支持者。但笔者认为这样的训练方法更适合高水平的训练者以刺激核心为目的的训练，因为双脚离地后身体会相对不稳定，不稳定则意味着不安全，不安全就意味着有损伤的风险。所以，对于新手或以提高最大力量为目标的训练，这种姿势是绝对不可取的。如果是高水平的训练者进行中低强度训练时，也应小心尝试。

卧推时不在意腿部稳定状态

纠正方法：保持五点支撑，在较稳定的状态下进行卧推，这样不仅能达到最佳的力量训练效果，还能够保证最大的安全性。

水平推模式辅助训练

仰卧飞鸟

仰卧飞鸟是针对胸大肌训练的单关节动作，对胸大肌刺激更加具有针对性，能帮助我们更好地感受胸部发力。

参与肌肉：胸大肌

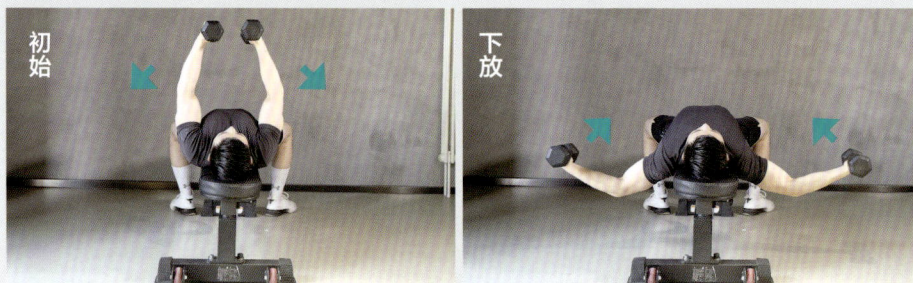

初始

1 与卧推初始动作基本一致，哑铃竖直上举于胸部正上方，微微屈肘约170°。

下放

2 逐步下放哑铃，继续屈肘从170°弯到约130°。

3 继续向下，感受胸大肌的拉伸，拉到最长。

上合

4 胸大肌发力，将哑铃向上合拢。哑铃还原到胸部正上方，重复动作。

呼吸：下放打开时吸气，上合夹胸时呼气。

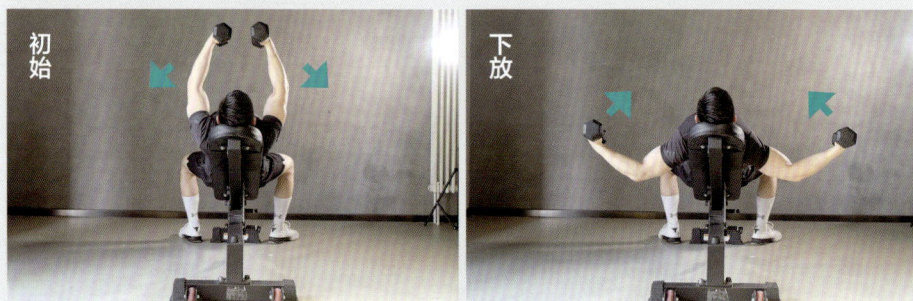

上斜飞鸟，主要刺激胸大肌上部。

动作选择

仰卧飞鸟vs卧推

（1）共同点：刺激肌肉都是以胸大肌为主。

（2）动作模式：卧推是一个多关节运动，仰卧飞鸟是单关节运动。两者最重要的动作环节都是大臂在肩关节处内收夹胸，只不过仰卧飞鸟没有肘关节的运动，大臂内收的感觉更为明显。

（3）负重能力：卧推有更多关节、更多肌肉参与发力，所以比仰卧飞鸟能够举起更大的重量。

（4）训练地位：仰卧飞鸟是卧推的补充训练动作，除了"预先疲劳法"会将仰卧飞鸟放在卧推之前外，几乎所有的胸部训练都会将卧推排在第一位。仰卧飞鸟虽然针对性强，但负重能力较弱，而在卧推中，除胸大肌之外还有其他肌肉参与发力，能够采用更大的负重，给予胸部绝对的刺激。所以，仰卧飞鸟通常只作为辅助训练。

站姿绳索夹胸

参与肌肉：胸大肌

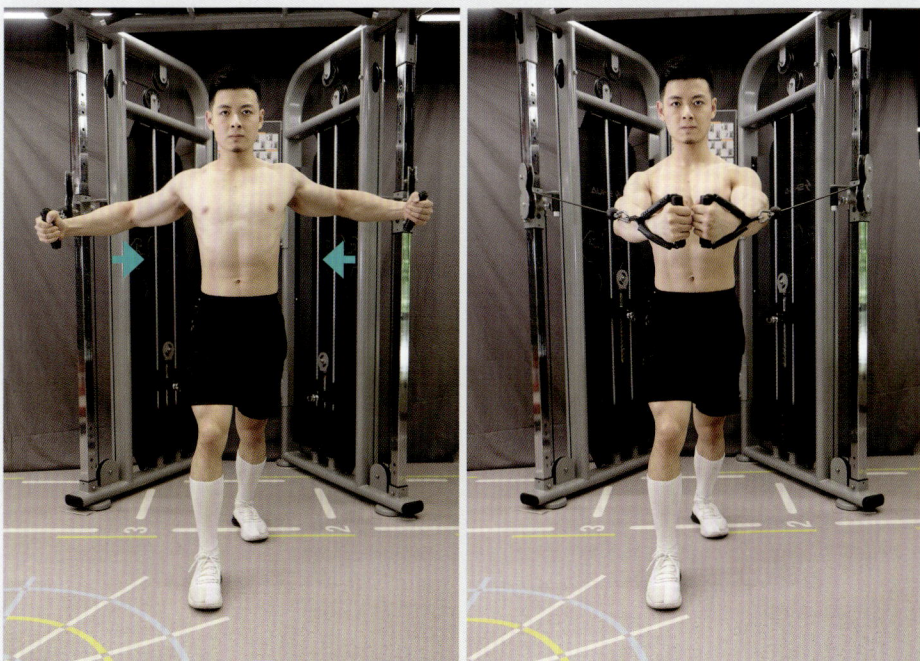

1 双脚前后成弓步，站在龙门架中间并位于绳索前方。
2 双手抓住绳索，肘关节角度约130°。胸大肌发力使大臂在身前交叉，感受胸部内侧的挤压。
动作关键是挺胸、沉肩、夹背，必须始终在这个状态下去完成夹胸动作，才能充分感受到胸部发力。

健美意义

站姿绳索夹胸和仰卧飞鸟的发力要点基本一致，但在站姿状态完成，安全性更高。夹胸时能到达双臂交叉的位置，对胸大肌的刺激更深入，尤其对胸大肌内侧能起到更好的训练效果，帮助形成更好的"事业线"。

▌动作选择

上位绳索夹胸

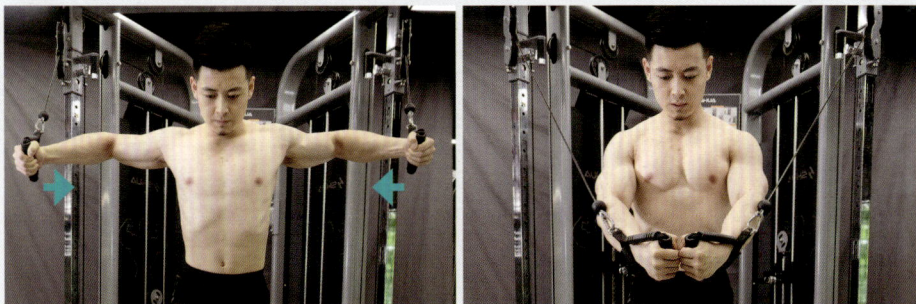

下位绳索夹胸

　　不同的站姿夹胸动作，主要是改变绳索角度：将绳索放置在上位，主要刺激胸大肌下部；放置在中位，刺激整块胸大肌；放置在下位，主要刺激胸大肌上部。

仰卧上拉

参与肌肉：胸大肌下部及背阔肌

1　仰卧于凳上，半个头超出凳子之外。

2　双手持握哑铃，直臂上举到肩部正上方。

3　屈肘缓慢下放哑铃，直到大臂低于耳朵，感觉胸部被充分拉长。然后发力将哑铃拉起到肩部正上方。

呼吸：下放时吸气，拉起时呼气。

健美意义

　　胸大肌的一个重要功能就是在仰卧大臂上举时将身体拉向大臂，或使大臂靠近身体。仰卧上拉就是利用胸大肌的这一特性而进行的训练动作，能更好地刺激整个胸大肌。

双杠撑体

参与肌肉：胸大肌下部及肱三头肌

1 双手撑于杠上，核心收紧躯干竖直，微微屈膝。
2 身体前倾约30°，缓慢下降到肘关节小于90°，然后用力撑起。
动作过程中保持身体呈直线。

健美意义

对胸大肌下部和肱三头肌后部有较好的刺激效果，能强化胸部及手臂，帮助女性消除"拜拜肉"。

动作选择

如果始终保持身体竖直，那么肱三头肌将得到更多刺激；如果躯干前倾约30°，对于胸大肌下部将起到极好的刺激效果。

竖直推模式力量训练：站姿杠铃推举

▎动作目的

站姿杠铃推举又叫实力举，这项训练不仅能强化肩部肌肉，还能提高脊柱承重状态下上肢推的力量表现，是上肢功能性力量训练的必做项目。

健美意义

推举动作是窄肩和溜肩者的"救星"，进行推举练习能强化三角肌，使肩部饱满，助你成为行走的"衣架"。

功能性

腰部及核心区域的力量是限制上举力量的短板。在站姿杠铃推举动作中，能在全身肌肉参与、脊柱直接承重的状态下将上下肢力量整合在一起，提高全身力量表现，增强核心承重能力。

标准

站姿杠铃推举

参与肌肉：三角肌和肱三头肌

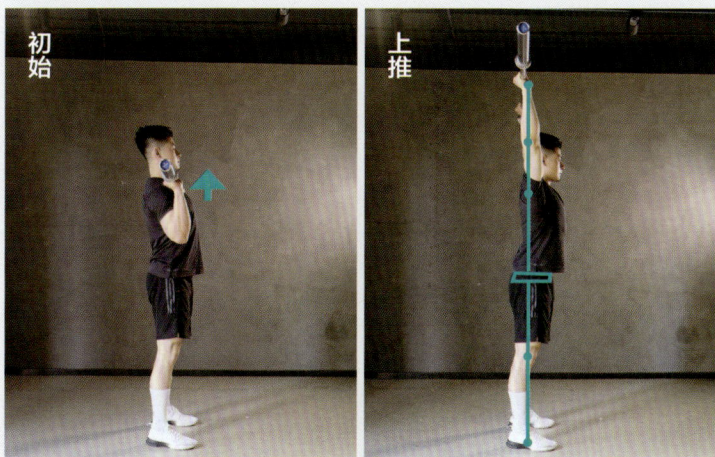

初始

1 双脚与髋同宽，收紧膝关节附近肌肉，保持自然曲度锁定膝关节。
2 骨盆处于中立位，收臀锁腰稳定核心。

3　沉肩、夹背、挺胸。

假想此时有外力推你，你不会发生任何晃动，这就意味着核心稳定。

4　杠铃置于胸大肌上部、锁骨下沿。

5　双手环握杠铃，手间距以使小臂垂直于地面为最佳。

6　肘关节指向地面，大臂与身体呈30°夹角。

7　下巴微收，后脑、胸椎、骶骨三点一线。

上推

8　保持沉肩、夹背状态。

9　上推时，胸椎后伸，躯干微后仰，带动头部向后退让，使杠铃能竖直向上通过。

10　小臂始终与地面垂直。推至最高点时，大臂与耳朵在同一平面，锁住肘关节。

下放

11　头部退让，胸椎后伸，使杠铃能竖直向下。

12　保持下放路线竖直，下放到锁骨下沿胸大肌上部，躯干还原并带动头部回到初始位置。

呼吸：下放时吸气，推起时呼气助力。

变式

坐姿杠铃推举

退阶目的：减轻训练者腰部需要承担的压力，更好地感受上肢发力。

要求：一个纯粹的肩部训练动作，基本动作与站姿推举一致。

建议：腰痛患者尽量选择坐姿推举动作。

哑铃推举

变式目的：哑铃推举相对于杠铃推举而言，不稳定性更大，所以负重能力会相应减弱。但哑铃轨迹自由，在强化三角肌的同时能够更好地刺激深层肩部稳定肌群，更全面地刺激肩部，是推举动作的经典变式之一。

要求：保证动作轨迹的一致性，不能前后晃动。

建议：初学者可以先用低负荷哑铃完成推举动作，在能够稳定控制身体之后再增加负荷。

单臂哑铃推举

退阶目的： 由于哑铃的不稳定性，改为单臂动作，将注意力放在单侧肢体上，降低动作难度的同时也能达到训练肩部的效果，是适合初学者的退阶动作。

要求： 单臂哑铃推举是哑铃推举的退阶动作，采用坐姿或站姿均可，一手负重，另一手叉腰保持稳定。

建议： 初学者进行上肢推举训练的起点。

阿诺德推举

变式目的： 阿诺德推举是阿诺德·施瓦辛格独创的肩部训练动作。简单来说就是在推举之前加入了旋转动作，保证在一个推举动作中能同时锻炼到三角肌的前束、中束和后束三部分。

要求： 不要耸肩代偿。

建议： 由于动作的控制难度较大，建议采用低负荷，不要盲目挑战极限。

动作选择

站姿杠铃推举vs坐姿杠铃推举

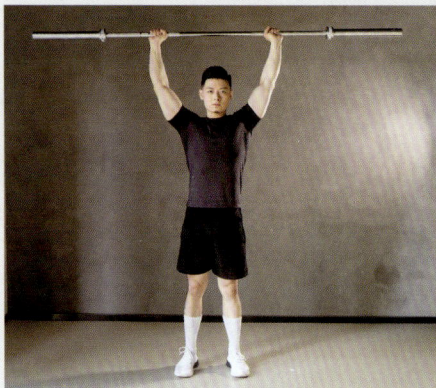

站姿杠铃推举　　　　　　　　　　　坐姿杠铃推举

从动作模式来看，二者都属于上肢推动作模式，基本姿态和发力结构都是一致的。

从刺激肌肉来看，主要都是刺激三角肌和肱三头肌，上肢肌肉刺激效果相同。但因为站姿推举需要核心区域参与维持骨盆稳定及身体姿态，所以对核心深层稳定肌群能起到更好的刺激效果。

从动作功能性来看，站姿推举是脊柱承重状态下上肢推的功能性力量练习，对于柔道、篮球等站姿状态的运动具有专项迁移性；实际生活和运动中很少有坐姿发力完成上推的动作，但由于坐姿推举专注肩部发力，所以对肩部线条的塑造效果比站姿推举好。

最后，站姿推举对于脊柱会产生直接压力，腰部有损伤的训练者要注意自我保护，慎重选择。

总之，如果训练目的更强调提高运动表现（比如篮球传球时线路更直、速度更快），建议采用站姿的推举动作，杠铃、哑铃均可；如果只是希望让肌肉形态更加美观，采用坐姿推举动作将更加合适。

专业特供

柔道　　篮球

竖直推模式异常状况

▌推起线路不直 ✚

　　原因： 推起线路不直一般是由于躯干在上推过程中不进行退让，导致杠铃不得不绕脸而过。此时肩部会额外发力，降低承重能力，影响训练效果。

　　纠正方法： 保持小臂垂直于地面，以及胸椎和头部的退让、移动，都是为了让推起线路能保持竖直。推起线路越直，动作越省力，发力越有效，训练价值就越高。

▌核心不稳 ✚

　　原因： 腰部软塌、核心不稳的主要原因是意识问题，而不是能力问题，训练者常常忽略收紧核心。

　　纠正方法： 臀大肌内收夹紧就能稳定腰椎，从而稳定核心。核心稳定是站姿推举动作的基础。

竖直推模式辅助训练：肩部针对性训练

站姿侧平举

参与肌肉：三角肌

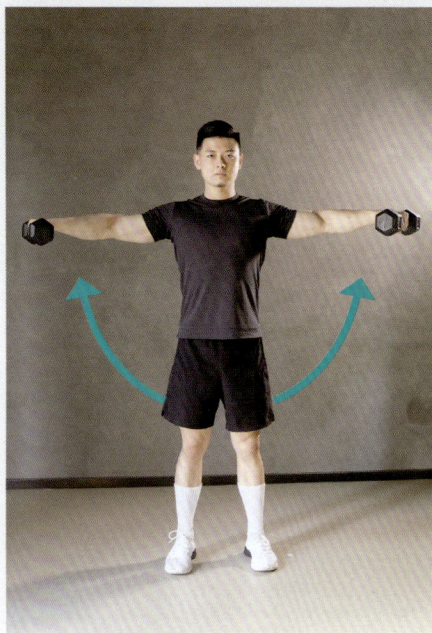

初始

1 双脚比肩略窄，身体微微前倾，核心收紧，躯干稳定，双手持哑铃于体侧。

上抬

2 肘关节170°左右，不得过伸，以免压迫肘部造成损伤。

3 双手内旋呈倒酒姿势，使手腕低于肘关节。

4 沉肩夹背，不可耸肩代偿，大臂抬起到与地面平行，保持1~2秒。
举至最高点时，肘关节要高于腕关节，否则会对肘关节造成过大压力。

下放

5 有控制地缓慢下放，不能顺着惯性。

呼吸：抬起时呼气助力，下放时放松吸气。

健美意义

对三角肌中束能起到较强的刺激效果，帮助我们打造完美肩膀，成为行走的"衣架"。

功能性

侧平举是对三角肌刺激最强也最有针对性的动作，虽然属于单关节动作，负重能力相对较弱，但刺激直接，能强化三角肌，增强肩关节稳定性。

▍动作变式

变式目的：器械改为绳索，并采用单臂的形式进行，能帮助我们获得更好的身体稳定性，集中注意力刺激三角肌中束。

站姿单侧绳索侧平举

要求：无论是上抬还是下放阶段，动作要缓慢，有控制地完成动作。

侧卧单臂上抬

变式目的：通过侧卧给身体完全稳定的支撑，从而帮助我们强化三角肌。

要求：肘关节微屈，不要完全伸直，控制动作速度。

单臂俯身提拉

参与肌肉：三角肌后束

初始

上提

初始

1 一腿跪凳，另一腿踩地，单手撑于凳面，核心收紧，保持稳定。

2 另一手持哑铃，手心与大腿相对。沉肩夹背，手臂存在一定张力，不能完全放松。

上提

3 手心始终与大腿相对，屈肘提拉至肘关节略高于躯干，保持1～2秒。
感受三角肌后束发力，肩胛骨不发生动作。

下放

4 始终保持手臂张力，有控制地缓慢下放。

呼吸：上提时呼气，下放时吸气。

健美意义

单臂俯身提拉是专门为了刺激三角肌后束而创造的动作，对三角肌后束的刺激非常有针对性。

动作变式

双臂俯身提拉

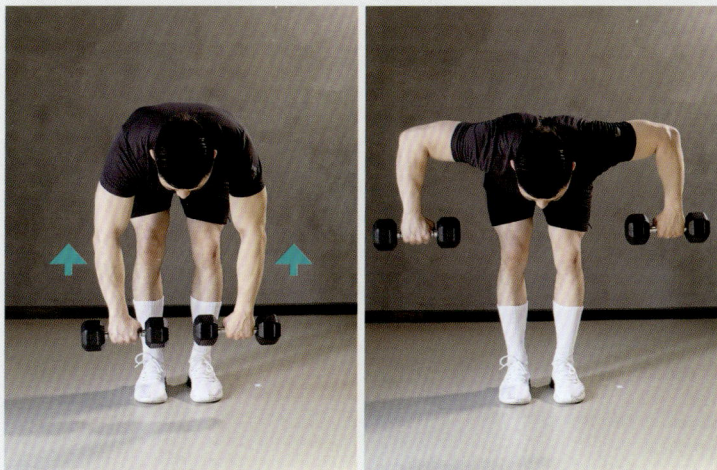

变式目的：同时进行双侧训练，提高训练效率。

要求：控制动作速度，不要靠惯性代偿。

建议：双脚并拢，更有利于哑铃回放时增大动作幅度。

俯身提拉上旋

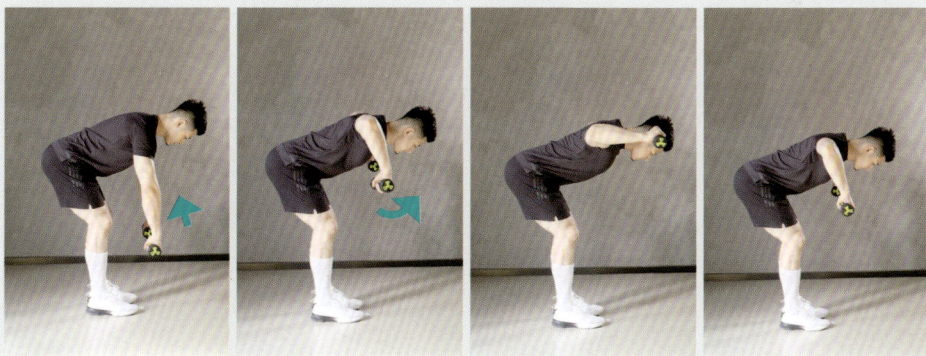

变式目的：在提拉之后增加上旋动作，提升动作难度，增加对肩部后侧肌肉的刺激。

要求：慢速进行。

建议：降低负重，无论训练水平如何都建议开始时采用1~2kg的小哑铃。

龙门架开肩

动作选择

双臂俯身提拉vs俯身飞鸟

双臂俯身提拉   俯身飞鸟

（1）动作结构不同：双臂俯身提拉是肩、肘关节共同参与的多关节训练动作；俯身飞鸟是肩关节参与为主的单关节训练动作，肘、腕不参与发力。

（2）发力肌群不同：双臂俯身提拉的主要发力肌群是三角肌后束和冈上肌，不强调肩胛骨后缩收紧；俯身飞鸟主要是由斜方肌中束和菱形肌发力，带动肩胛骨后缩收紧，在动作过程中要尽量避免伸肘动作。

单臂俯身提拉vs俯身单臂划船

单臂俯身提拉

俯身单臂划船

（1）手部状态不同：单臂俯身提拉先进行手臂旋内动作，手心朝向支撑腿方向；俯身单臂划船手臂自然下垂，手心朝向支撑手方向。

（2）动作轨迹不同：单臂俯身提拉的上拉阶段，大臂与身体呈90°，终末位置大臂与身体在同一平面，肩胛骨不产生运动；俯身单臂划船的上拉阶段，大臂贴紧身体，主要以肩胛骨后缩带动大臂上抬，终末位置肘关节超过肩胛骨，哑铃被拉起到身体侧面。

（3）刺激肌肉不同：单臂俯身提拉主要刺激三角肌后束；俯身单臂划船主要刺激背阔肌、斜方肌中束、三角肌后束。

面拉

参与肌肉：三角肌后束

初始
1 站姿或坐姿，保持身体稳定。
2 双手持绳索两端，拳眼相对，置于斜上方30°左右。

后拉
3 大臂后引，拉到大臂与身体在同一平面，感受三角肌后束发力，保持1~2秒。

还原
4 始终保持手臂张力，有控制地缓慢还原。

　始终保持挺胸收腹，不可含胸。

健美意义

面拉是针对三角肌后束的具有极强刺激性的训练动作，对预防驼背、改善体态有很好的效果。

教练有话说

其实，面拉就是站姿的俯身提拉，动作结构、要点基本一致，主要强调大臂的后伸动作，但由于面拉的支撑不如俯身提拉稳定，所以负重能力也相对较弱，只能作为一组训练计划最后的辅助训练。

上肢推模式稳定性训练：肩袖针对性训练

站姿旋内

参与肌肉：肩胛下肌、大圆肌

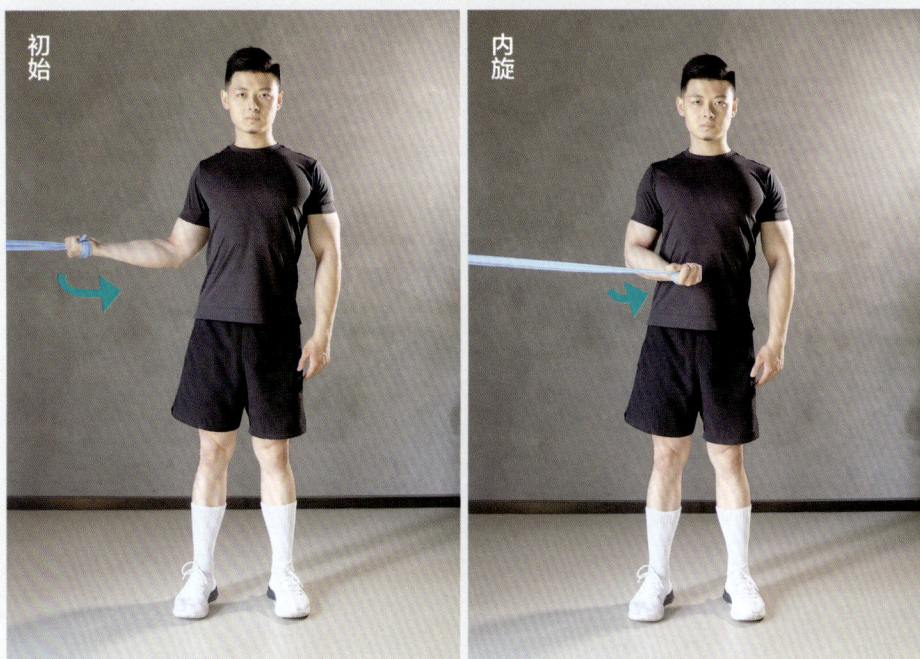

初始

1 屈肘90°，大臂夹紧身体或夹住一块毛巾。
2 调整弹力带，高度与手臂一致，并有一定张力。

内旋

3 保持肘关节90°，内旋大臂，向身体方向拉弹力带。

还原

4 缓慢有控制地回到初始位置。

   在整个动作中，大臂始终夹紧身体或毛巾。

呼吸：还原时吸气，内旋时呼气。

功能性

强化肩袖前侧肌肉力量，提高大臂在肩关节处的旋前功能，增加肩关节稳定性。

动作变式

抬肘90°大臂旋内（招财猫式）

变式目的： 抬高手臂，增加肩关节控制难度，提升整体刺激效果，更好地提高肩关节稳定性，预防损伤。

要求： 大臂抬起后必须始终平行于地面。

建议： 可用弹力带或哑铃进行训练。

站姿旋外
参与肌肉：冈下肌、小圆肌

初始
1 动作与站姿旋内要点一致，弹力带固定方向相反。

外旋
2 保持肘关节90°，外旋大臂，向外侧拉弹力带。

还原
3 有控制地缓慢还原，大臂始终夹紧身体或毛巾。

呼吸：还原时吸气，外旋时呼气。

功能性
强化肩袖后侧肌肉力量，提高大臂在肩关节处的旋后、旋外功能，增加肩关节稳定性。

▌动作变式

抬肘90°大臂旋外（招财猫式）

变式目的：抬高手臂，增加肩关节控制难度，提升整体刺激效果，更好地提高肩关节稳定性，预防损伤。

要求：大臂抬起后必须始终平行于地面。

建议：可用弹力带或哑铃进行训练。

站姿大臂外旋

变式目的：降低肩关节控制难度，帮助我们更好地掌握动作，感受正确的发力感。

要求：大臂夹紧身体。

建议：一般采用小哑铃或弹力带进行。

倒举壶铃推举
参与肌肉：三角肌、肩袖肌群

初始

1 选择较轻的壶铃，双脚踩实地面，核心收紧，骨盆处于中立位（不可前倾），挺胸，肩胛骨下沉。
2 单手倒举壶铃于肩前，拳眼向后，小臂垂直，另一只手展开维持平衡。

上推

3 小臂外旋，缓慢平移到体侧，此时拳眼向头部。
4 缓慢上推，保证轨迹竖直，直到大臂到耳侧。
   动作一定要慢，强调控制。

下放

5 缓慢下放，内旋小臂回到肩前，重复动作。

呼吸：上推时呼气助力，下放时吸气放松。

功能性

倒举壶铃做上推的动作，由于壶铃头重脚轻的状态，会产生不稳定。为了维持完美姿态，肩部深层的小肌肉会被激活，从而训练动态稳定能力。符合肩袖在运动中给予身体既灵活又稳定的支撑的功能性需求。

动作变式

倒举壶铃行走/卷腹/蹲起

变式目的：通过增加在动态中对肩部控制的要求，提高肩部在实际运动中的稳定控制能力，使整个动作更具有实际迁移性，帮助我们更好地预防损伤。

要求：上肢要始终保持稳定，无论身体如何晃动，上举的手臂都要保持稳定。

建议：从小重量的支撑做起，不要给肩关节过大的负担。

上肢拉动作模式

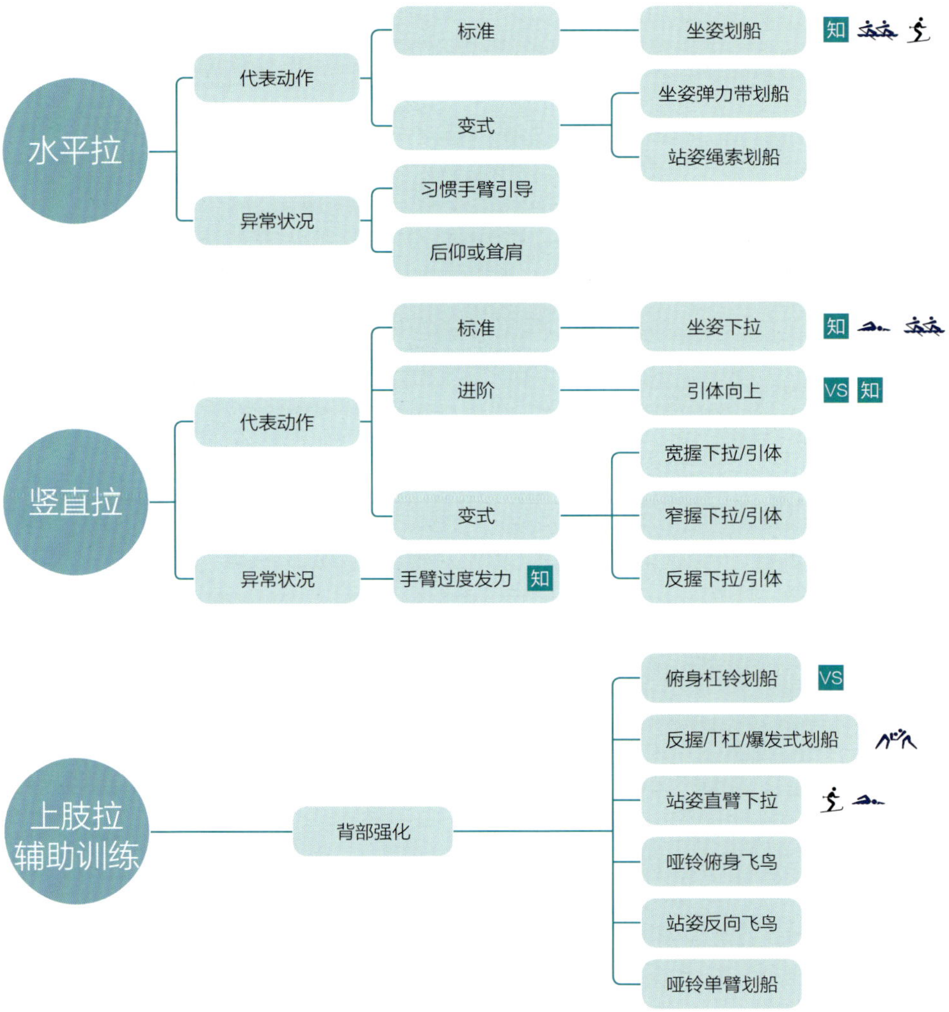

水平拉
- 代表动作
  - 标准
    - 坐姿划船　知
  - 变式
    - 坐姿弹力带划船
    - 站姿绳索划船
- 异常状况
  - 习惯手臂引导
  - 后仰或耸肩

竖直拉
- 代表动作
  - 标准
    - 坐姿下拉　知
  - 进阶
    - 引体向上　VS　知
  - 变式
    - 宽握下拉/引体
    - 窄握下拉/引体
    - 反握下拉/引体
- 异常状况
  - 手臂过度发力　知

上肢拉辅助训练
- 背部强化
  - 俯身杠铃划船　VS
  - 反握/T杠/爆发式划船
  - 站姿直臂下拉
  - 哑铃俯身飞鸟
  - 站姿反向飞鸟
  - 哑铃单臂划船

　　办公室工作人员大多处于久坐少动、习惯性含胸的状态，导致身体前侧肌肉紧张，背部力量不足，甚至有肩颈疼痛的症状。上肢拉即背部训练，对于打开胸廓、增加背部肌肉力量、缓解肩颈部位疼痛能够起到良好的效果。

　　和上肢推动作模式一样，根据运动方向的不同，上肢拉动作模式可分为水平方向的后拉动作（代表动作是坐姿划船）和竖直方向的下拉动作（代表动作是坐姿下拉）两大类。

水平拉模式代表动作：坐姿划船

▌动作目的

健美意义

划船动作是背部训练的经典动作之一，对于紧致背部肌肉、预防驼背、改善圆肩都有着非凡的意义。

功能性

后拉动作在生活中和运动中非常常见，把门向后拉开，以及划船、双板滑雪等很多运动都需要拉的力量。

专业特供

划船　　滑雪

标准

坐姿划船

参与肌肉：背阔肌、斜方肌、菱形肌以及手臂的肱二头肌

初始　　后拉

初始

1 坐在凳上，双脚踩实，核心收紧。

2 调整绳索高度为屈肘小臂平行于地面的高度，双手握把。

　如果是平杆则手心向下，如果是竖杆则手心相对。

3 大臂夹紧身体；小臂与地面平行，小臂的延长线与绳索重合。

　大臂与身体的角度越大，三角肌后束刺激越多；角度越小，背部刺激越多。

后拉

4　先后缩肩胛骨，然后顺势屈肘使大臂后伸。

5　肩胛骨后缩到极限夹紧，小臂始终与绳索在同一直线上。

还原

6　保持小臂轨迹，按原路返回。

有一定控制能力后，可以还原到肩胛骨前伸的状态，给后缩动作更大的运动空间，可以更好地刺激斜方肌中部和菱形肌。

呼吸：后拉时呼气助力，还原时吸气放松。

呼吸：后拉时呼气助力，还原时吸气放松。

深度知识　在背部训练中，呼吸常常存在争议。一派认为，后拉时胸腔打开，此时应该吸气；而另一派则认为，呼气更利于发力，所以后拉时应配合呼气，才能更好地完成抗阻动作。笔者更支持后一种理论，因为流畅的发力比吸入更多氧气在划船动作中更有意义，而且从训练效果来讲，呼气助力时能拉动更大的重量，有利于训练水平的提高。

变式

坐姿弹力带划船

退阶目的：坐姿绳索划船需要大器械，而使用弹力带可以不限场所进行练习，帮助我们更好地养成训练习惯。

要求：起始姿态与绳索划船一致，端坐于座椅上，屈肘到小臂与地面平行，调整弹力带固定点的高度与小臂同高，双手抓握弹力带，直臂，向后移动到弹力带拉紧状态。

建议：在有绳索划船机的场景下，直接用绳索训练即可。

站姿绳索划船

变式目的：通过半蹲位或单腿支撑姿态，在刺激背部的同时对核心和下肢也进行一定的刺激，激活核心，增强整体平衡能力。

要求：下肢支撑时躯干要保持正直，其余动作要求与坐姿划船一致。

建议：坐姿划船是最简单的划船训练，也是最孤立的背部训练方式，所以能承受最大的重量。站起之后，整体控制难度提高，不建议在半蹲位或单腿支撑划船时采用大重量。

水平拉模式异常状况

▌习惯手臂引导 ✚

原因：初学者在后拉时习惯用手臂发力，导致这种状态的原因就是小臂与弹力带没能保持在同一直线上，肘关节或腕关节产生了一定的角度。虽然仍能将弹力带拉回，但这和我们练背的初衷是相悖的，手臂为主导时，肱二头肌极易疲劳，但是背部却没有得到充分刺激。

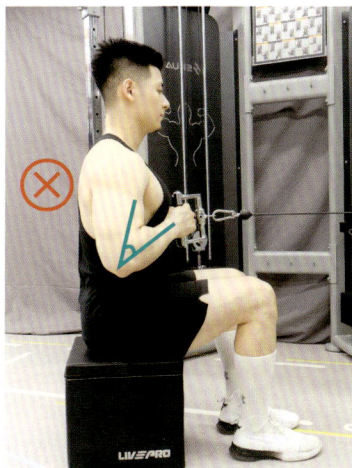

习惯手臂引导

纠正方法：在整个动作中尽量保证小臂与地面平行，如此才能让肩胛骨后缩更充分，使背部肌肉得到最大的刺激。

▌后仰或耸肩 ✚

后仰

耸肩

原因：手臂不会发力，用腰或肩颈代偿。

纠正方法：在整个动作中尽量保证躯干稳定，放慢动作速度减少训练重量，让自己先学会正确的发力次序。

竖直拉模式代表动作：坐姿下拉

▌动作目的

健美意义

男性的"倒三角"、女性的平整背部，都离不开背阔肌的训练。

功能性

理论上讲，竖直拉模式的代表动作应该是引体向上。一方面，引体向上是背部的闭链练习，对游泳、划船等项目有更好的专项迁移性；另一方面，引体向上是全身整体发力的练习，能更好地激活核心能力。但是，引体向上对于初学者来说门槛过高，所以用坐姿下拉来替代，将闭链运动变成开链运动，重量也能依据自身能力进行调整，从而获得更好的背部训练效果，等有一定能力之后再进阶。

专业特供

游泳   划船

标准

坐姿下拉

参与肌肉：背阔肌以及大臂的肱二头肌

初

始

初始

1 端坐于凳子上，头部位于横杠正下方，双脚踩实地面，大腿卡在海绵轴下固定。

2 核心收紧，躯干稳定，双手以1.2倍肩宽正握横杆。

3 下巴微收，后脑、胸椎、骶骨三点一线。

下拉

4 挺胸，肩胛骨下沉，胸椎后伸带动头部微微退让，使横杆能竖直通过。

5 肘关节引导大臂向身体靠拢，并挤压身体到极限，感受背部的挤压感。

屈肘的目的是为了让大臂能够充分向内挤压背部，使背阔肌充分收缩，不是为了下拉而屈肘，要分清主次。在整个动作中，手臂与躯干始终处于同一平面。

还原

6 有控制地原路返回，胸椎回到中立位，头部回到横杆正下方，重复动作。

训练一块肌肉的最佳方式是使肌肉得到大幅度的拉长和缩短，所以肩胛骨的运动是让背部发力的关键点。在最高处肩胛骨的上提不是主动发力上提，而是完全放松被拉力器拉起的耸肩状态。然后做肩胛骨下沉动作，这样整个背阔肌就能得到充分的刺激。

呼吸：下拉时呼气助力，还原时吸气放松。

深度知识

我们常在公园里看到坐姿下拉的简易器械，它和健身房的专业器械有什么区别呢？我们前面已经说过，坐姿下拉是一个经典的背部训练动作，主要是让大臂充分挤压背部，让整个背阔肌充分收缩。公园里的下拉器械是坐在上面拉起自己的重量，它的运动轨迹有限，就是在做一个屈肘动作，主要刺激的是大圆肌，不是背阔肌。所以公园里的这个器械对于很少进行活动的人来说是一个很好的运动方式，但对于背部训练而言并没有太大的意义。

公园坐拉训练器

进阶

坐姿下拉的进阶动作：引体向上

初始

1 双手以1.2倍肩宽正握横杆，核心收紧，微微屈膝，横杆在头顶正上方。

　　在底部时，肩胛骨处于上提耸肩状态，实际上这是在重力作用下的标准悬挂姿态。

上拉

2 挺胸，肩胛骨下沉，身体微微后倾，上肢发力上拉，感受背部的挤压感。

3 在拉起的时候，屈肘是为了让胸部充分贴近横杠，从而刺激背部，不能过于主动屈肘。

　　不能只追求拉起，要找胸部贴近横杆的感觉。

还原

4 有控制地慢速还原，躯干回到横杆正下方。

　　如坐姿下拉一样，还原时肩胛骨要自然地随着重力的作用回到上提状态，看上去就像耸肩一样，这样能使整个背阔肌得到充分刺激。

呼吸：上拉时呼气助力，还原时吸气放松。

进阶目的：通过改变负重和增加身体控制要求，提高动作难度，在刺激背部的同时提高身体控制能力。

动作选择

引体向上vs坐姿下拉

（1）动作类型：引体向上和坐姿下拉都属于竖直拉模式的动作，发力方式和刺激部位都一致。

（2）动作难度：引体向上的标准动作有一定难度，尤其是对上肢较为瘦弱的女性而言。标准引体向上的最低重量就是自己的体重，最低也在50kg左右，难以调节；坐姿下拉可以根据能力调整负重，使初学者更易于完成动作。

（3）引体向上和坐姿下拉对于背部的训练意义没有区别。但是引体向上在悬挂状态下要求核心收紧，实际上是全身发力的整合性训练，能更多地刺激核心，让身体更加协调，功能性意义更强。

（4）在日常生活和训练中，背部肌肉的运动形式一般是以离心控制和闭链运动的形式出现。坐姿下拉是开链运动，引体向上是闭链运动，所以如果希望提高运动成绩，比如划船、游泳的速度，打拳的力度等，单靠坐姿下拉训练是不够的，引体向上的训练更符合背部在人体运动中的功能表现，更符合专项的训练需求。

深度知识　闭链运动是指肢体远端固定而近端活动的运动，比如俯卧撑，四肢撑地稳定而身体做上下运动，再如走路时的支撑阶段，远端蹬地使身体移动。可以通俗地理解为，当一个物体足够强大到你撼动不了，反而自己被移动的时候，就是闭链运动。和闭链运动相对的是开链运动，是指近端固定而远端活动的运动形式，比如上肢的摆动等。

变式

无论是引体向上还是坐姿下拉，动作变式所带来的效果差异，无非是以下几种变化。在训练中，大家可以依据自己的目标决定如何改变基本动作。

▍握距变式

（1）宽握：集中刺激背阔肌外侧及上部大圆肌，提高背阔肌的宽度。

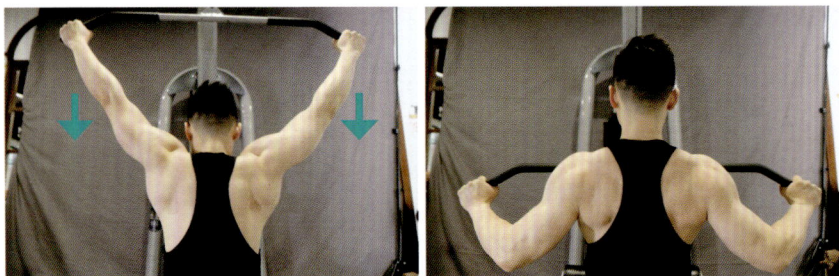

宽握坐姿下拉

宽握引体向上

（2）窄握：集中刺激背阔肌内侧和肱二头肌，提高背阔肌厚度。

窄握坐姿下拉

窄握引体向上

（3）反握：集中刺激背阔肌内侧和肱二头肌，增强背阔肌上部。

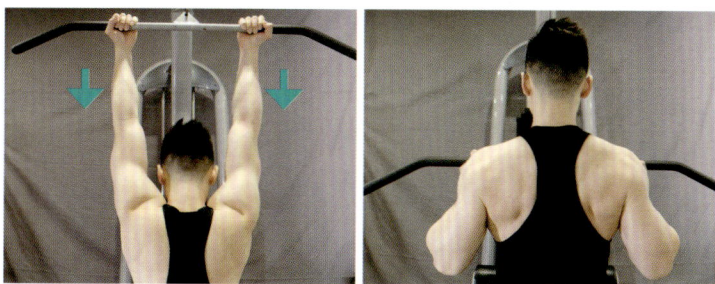

反握坐姿下拉

反握引体向上

▎器械变式

绳索下拉

首先，从运动轨迹来看，绳索下拉和引体向上机均可由人体自身来控制运动轨迹，都能达到因人而异的训练效果。

其次，从难度上看，绳索下拉由于轨迹的不稳定性，对于初学者而言，既要掌握正确的运动轨迹，又要考虑维持姿态的稳定，有一定的难度，建议在教练指导下使用；引体向上机由于器械分担了一部分体重，使用者的控制难度大大降低，对核心稳定肌肉的刺激也会相应降低，适合初学者。

最后，绳索下拉和引体向上机由于需要保持肩胛骨的稳定，对于肩部深层肌群能起到更好的刺激效果，这是固定器械无法给予的。

引体向上机

竖直拉模式异常状况 ✚

原因： 对动作理解不够，和划船时一样，下拉时手臂过度发力，导致肱二头肌疲劳，背部得不到充分刺激。

纠正方法： 在下拉过程中始终保持沉肩状态，尽量使手臂在额状面上运动，注意力不要放在"拉"上，而是要有意识地寻找大臂向身体方向夹紧的感觉，才能最大限度地刺激背部。

深度知识

在竖直拉动作中，要想训练背部，最关键的并不是要把横杆拉下来或者把自己拉上去，而是要尽量让大臂靠近身体。因为背阔肌的主要功能就是在大臂上举远离身体的情况下，让大臂和身体相互靠近，所以练背的关键就是要让大臂靠近身体。

那么，为什么不鼓励用肱二头肌完成下拉动作呢？在前文的动力链理论中已经强调过，人体发力的最佳顺序是从大到小，用大肌肉带动小肌肉完成动作，整个动力链才能完整顺畅，发力最有效。在下拉动力链使用的肌肉中，背阔肌明显比肱二头肌大，肌肉围度大则绝对力量大。学会用大肌肉发力是更有效的一种发力方式，而且我们的主要训练目标也是刺激背阔肌。所以，能用身体发力的尽量不要用手，能用整体发力的尽量不用肢端。

上肢拉模式辅助训练：背部强化

俯身杠铃划船
参与肌肉：背阔肌、斜方肌中部、菱形肌

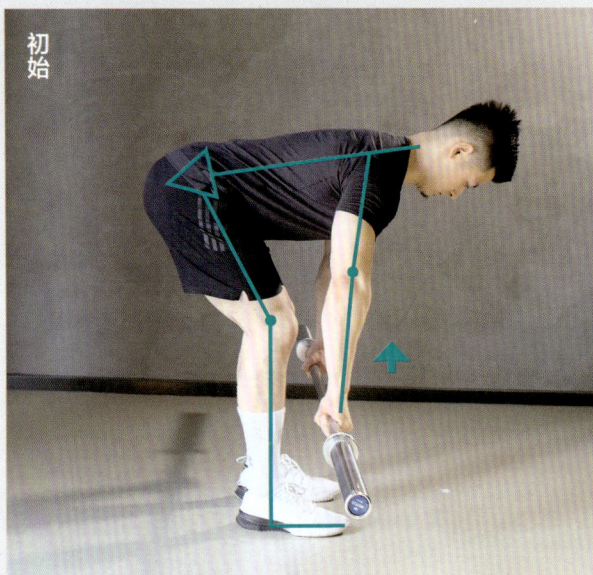

初始

1 双脚开立比肩略宽，屈髋到身体前倾45°，膝关节不超过脚尖。

2 双手与肩同宽正握杠铃，直臂悬吊于膝前。

3 腰背挺直，沉肩，收下颌。

动作

4 肩胛骨后缩向内夹，同时大臂后伸，屈肘使大臂后伸到极致。

5 肘关节不能过于主动，主要感受肩胛骨的挤压，保持1秒，慢速还原。

健美意义

增强背部伸肌肌群力量，改善圆肩驼背的状态，提高整体气质。

功能性

属于多关节参与的背部训练，能强化背部肌肉力量，平衡躯干大肌群的前后差距，预防损伤。

动作选择

俯身杠铃划船vs坐姿划船

（1）发力结构：俯身杠铃划船和坐姿划船在发力结构上并无区别，主要都是由肩胛骨后缩以及大臂后伸完成发力。但因为杠铃较长，重心相对难以控制，所以在俯身划船动作中，对核心区域的稳定能力要求更高。

（2）刺激肌肉：俯身杠铃划船和坐姿划船对肌肉的刺激稍有不同，坐姿划船强调斜方肌中部发力，但在俯身杠铃划船中，背阔肌和斜方肌中部都会参与，而背阔肌偏多。因为在俯身状态下，大臂下垂，后拉时大臂后伸是关键动作，单靠斜方肌无法拉起比较大的重量，所以背阔肌在此时会被激活。

（3）动作变式：俯身杠铃划船变式多样，每种变式都能刺激到不同部位，这是坐姿划船不可比拟的。

动作变式

反握划船

变式目的：握法的变式，与正握相比，反握可使背阔肌和肱二头肌相对参与更多，帮助我们更顺畅地发力。

要求：与俯身杠铃划船要求一致。

T杠划船

变式目的：将重量集中在一个区域，不需要额外用力控制平衡，能承担更大的重量，增加训练强度。

要求：与俯身杠铃划船要求一致。

建议：注意姿态，不要弯腰驼背。

爆发式划船

变式目的：这是一个速度变式，加快了上拉的速度，所以又称爆发式划船。整个动作没有离心过程，将杠铃快速从地面拉起，再迅速脱手下放，主要训练背部后拉的爆发力，刺激神经快速激活的能力。对于摔跤及其他需要快速后拉动作的运动，此动作有非常重要的功能性意义。

专业特供

摔跤

要求：不能耸肩代偿。

建议：动作较难，建议先做慢速动作以使身体熟练动作模式，然后再进阶进行力量划船。

站姿直臂下拉

参与肌肉：背阔肌、肱三头肌长头

初始

1　双脚开立比肩略宽，身体前倾30°。

2　双手以1.2倍肩宽正握横杆，大臂上抬到耳朵两侧，肘关节自然伸直。

下拉

3　以肩关节为轴，直臂将横杆下拉到大腿前侧。

　　感受大臂对背部的挤压，体会背阔肌发力。

还原

4　始终保持挺胸、沉肩、夹背，有控制地慢速还原。

呼吸：下拉时呼气助力，还原时吸气放松。

健美意义

背阔肌针对性训练，帮助我们形成完美"倒三角"。

功能性

对提高双板滑雪的后撑力度、游泳的划水力度都有很大
帮助。

专业特供

滑雪　游泳

哑铃俯身飞鸟

初始

上抬

初始

1 双脚与肩同宽，屈髋到身体与地面成30°，膝关节不超过脚尖。

2 双手各持一只哑铃于膝前，大臂自然下垂，肘不能过伸，手心相对。

3 腰背挺直，核心收紧。

上抬

4 肩胛骨后缩靠拢，带动大臂上抬，仿佛张开翅膀。

   感受肩胛骨之间的挤压感，想象肩胛骨之间夹住一张纸，最大限度地激活斜方肌中部和菱形肌。

下放

5 缓慢下放，控制速度。

呼吸：上抬时呼气助力，下放时吸气放松。

健美意义

   孤立的斜方肌训练是预防及缓解圆肩驼背等不良体态的极佳方法，经常进行哑铃俯身飞鸟的练习，能使身体挺拔，气质超群。

站姿反向飞鸟

参与肌肉：斜方肌中部、菱形肌

初始

1 双脚与肩同宽。双手各自抓握对侧的绳索或弹力带，交叉在腹前。

   此时双手处于自然直臂状态。

后拉

2 肩胛骨后缩靠拢，带动大臂向后打开，到肩胛骨挤压的最大限度，保持1~2秒。

   保持大臂自然伸直，不要过伸，注意力放在肩胛骨之间。

还原

3 缓慢有控制地还原。

呼吸：后拉时呼气助力，还原时吸气放松。

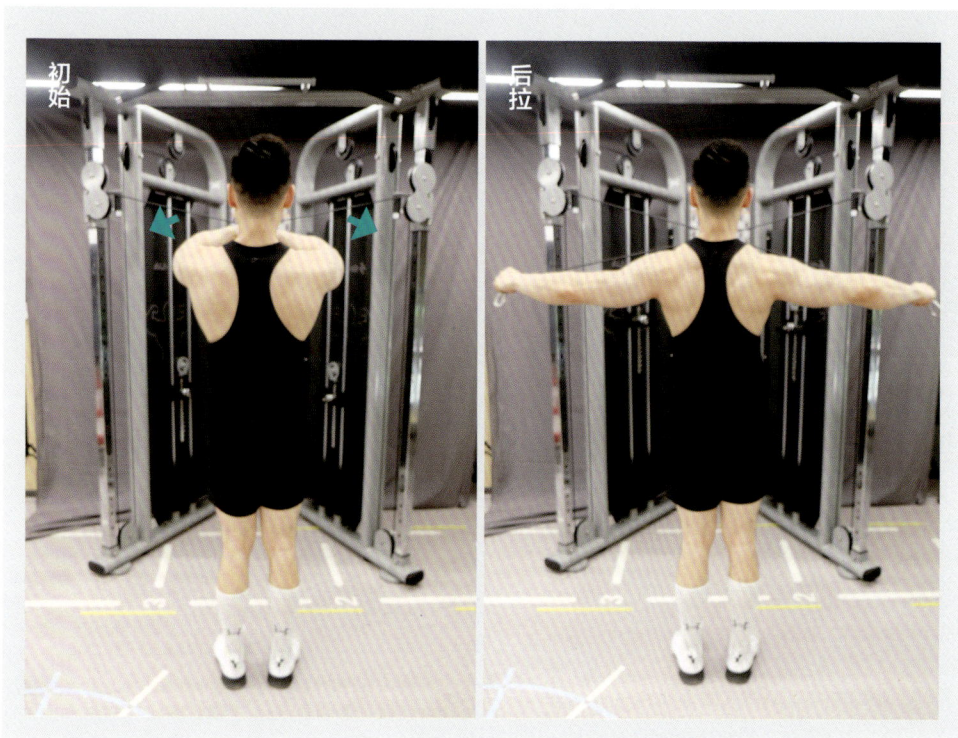

健美意义

　　主要训练的肌肉是菱形肌和斜方肌中束，是预防青少年驼背、改善成年人圆肩驼背的最佳训练之一。对于白领上班族来讲，用这个动作缓解颈前伸等不良坐姿也是不错的选择。

教练有话说	站姿反向飞鸟是一个单关节、小肌群动作，动作角度比较刁钻，承重能力十分有限。在训练中建议不要使用大重量，这个动作是处于一个辅助训练的地位。

哑铃单臂划船

参与肌肉：背阔肌

初始

1 同侧手脚支撑于凳上，大腿垂直于凳面。手臂撑在头部前方，手臂与凳面呈60°。
2 单手握住哑铃，手臂自然下垂。

上拉

3 肩胛骨后缩，带动大臂上拉至肘关节略高于躯干，使背阔肌完全收紧。

下放

4 不要还原到起点处，而要让哑铃垂到头部正下方，以使背阔肌充分拉长。

5 小臂运动轨迹并非直上直下，而是走斜线，最低点小臂与地面呈60°，最高点小臂与地面呈90°。

　　如果直上直下，背阔肌的参与会减少，三角肌后束将成为主要发力肌肉。

呼吸：上拉时呼气助力，下放时吸气放松。

健美意义

背阔肌训练动作是打造"倒三角"的经典训练。

核心训练

核心训练的意义

核心区域

　　俗话说"练功不练腰，到老艺不高"，腰腹区域作为人体的中枢，一般被称为核心区域，主要是指上到膈肌、下到盆底肌的腹部空腔部分，内部由膈肌、多裂肌、腹横肌、盆底肌这几块肌肉包裹成一个封闭的空间，外部由腹直肌、腹内斜肌、腹外斜肌、腰方肌、竖脊肌等肌肉附着。

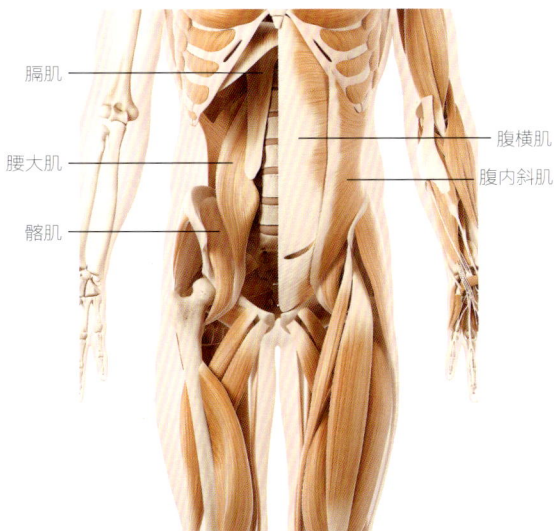

膈肌
腰大肌
髂肌
腹横肌
腹内斜肌

核心区域分层图

　　核心区域对于人体运动的重要意义主要包括以下几点：

　　第一，稳定身体，控制姿态，减少运动中的能量外泄，增强人体运动能力。比如跑步时，良好的核心能力能维持较为稳定的跑姿，保持躯干正直、骨盆稳定，肢体的大部分能量都可以集中用于提高速度，更利于取得好成绩。

　　如果核心力量不足，在跑步甚至走路时就会出现左摇右晃的现象，而身体就必须用一部分额外的能量来维持稳定。走路左摇右晃，一般就是由于核心力量不足，腰部进行稳定性代偿引起的。

　　第二，承重抗压。发力尤其是做深蹲这类需要脊柱承重的训练时，核心区域在呼吸的控制下能尽量成为刚体，承受住巨大的重量。

　　第三，旋转与抗旋，实现力量传导。良好的力量传导是流畅动作的基础，因为一切力量表现都是借助地球对人体的反作

专业特供

网球　羽毛球　篮球

不仅在进行超大负荷力量训练时需要让核心区域成为刚性支撑，在很多爆发性项目的发力瞬间，比如网球、羽毛球击球的瞬间，打篮球起跳的瞬间等，运动员都是瞬间憋气的状态，这是为了增加核心稳定性，使力量传导更加顺畅。

用力。比如投掷的动作，蹬地借力，腰椎骨盆带稳定地传导力量，胸椎扩大力量传导效应，最后将力传递到手上投出。其实，网球的挥拍、高尔夫球的挥杆、羽毛球的杀球、拳击的出拳都是同样的道理。

▌核心训练

核心训练主要包括两大部分：一是深层核心激活训练，二是浅层腹肌训练。

教练有话说	腹肌训练≠核心训练。腹肌训练虽然也能刺激到核心区域，但主要以外部浅层腹肌为主，让腹肌外部拥有视觉上的美感，比如马甲线、人鱼线；深层核心激活训练能增加腹内压，在缩小腰围的同时获得更好的运动能力。

▌训练目的

功能性

强大的核心能力是人体矫健敏捷的关键。

由于核心区域和我们在实际运动中的发力、传力、姿态控制息息相关，所以对核心区域进行针对性训练，能在运动场上表现得更加敏捷灵活。

有力的核心区域还能帮助躯干获得稳定支撑，减轻脊柱骨骼直接支撑的压力，预防腰痛。

健美意义

通过核心训练，能打造出似铠甲般的马甲线、人鱼线，让我们的身体从视觉上充满力量美。

教练有话说	要拥有完美的运动能力，就必须进行深层核心激活训练。要想拥有马甲线、人鱼线，就要进行浅层腹肌训练。如果想要二者兼得，就要双管齐下，共同发展。

深层核心激活训练

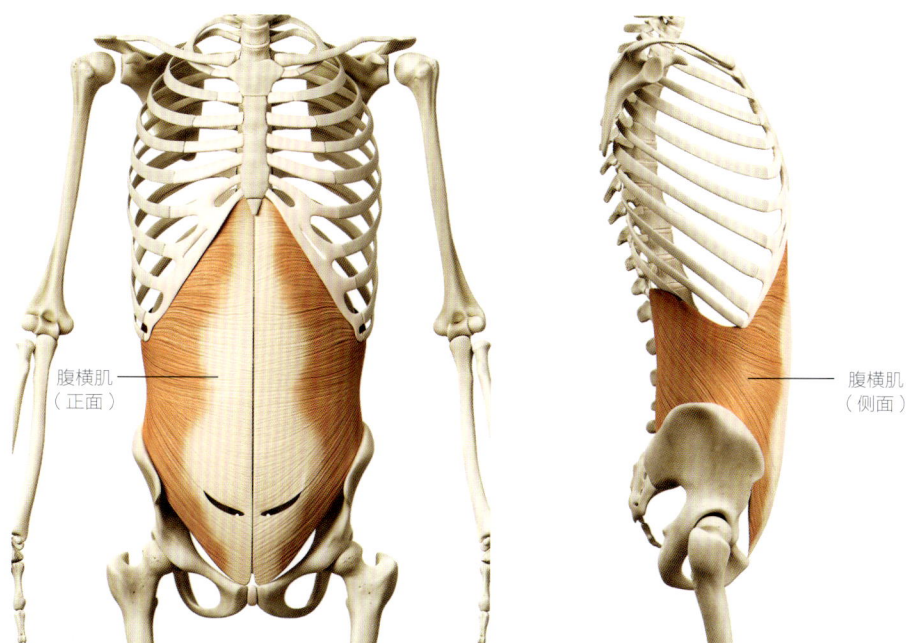

腹横肌
（正面）

腹横肌
（侧面）

深层腹肌图

　　我们的内脏器官大都集中在腹腔中，心、肝、脾、肺、肾等器官都有着不轻的分量，这些内脏器官也会受到重力的影响，自然地外扩。

　　深层核心肌肉尤其是腹横肌就像一条天然腰带一样，帮我们增加负压，对抗在重力作用下外扩的内脏器官。如果腹横肌力弱，无法束缚这些内脏器官，即使很瘦，肚子还是会往外鼓出来，就像青蛙的肚子一般，而这就可能导致骨盆前倾、腰痛等异常状况。但如果腹横肌足够强大，腹部就不会变形，永远都是平平整整的完美形态。

　　对深层核心肌群的训练和常规的腹肌训练并不一样。深层肌肉都是小肌肉，兴奋阈值较低，只需要用一些简单且低负荷的稳定控制性训练就足以刺激它们。

深度知识   很多训练者都以为，类似于腹肌撕裂者那样的高强度训练可以起到刺激深层核心肌群的效果，其实不然。在高强度腹肌练习中，深层核心肌群虽然也会有一定程度的参与，但由于动作强度过大，大部分原本需要深层核心肌肉发力的动作都会由其他有力的大肌肉（比如腹直肌）代偿完成，因而降低了对深层核心肌群的刺激效果。

深层核心肌群的主要作用是辅助呼吸、维持腹压以及维持身体基本姿态，所以我们的训练方法也是基于这三个功能进行。腰部肌肉的训练在前文的屈髋中已经详述，此处以介绍腹肌训练为主。

真空腹训练
参与肌肉：腹横肌

1 吸气：吸气时腹部环状扩张。
2 呼气：呼气时尽力收腹，保持3～5秒。
找用肚脐贴近脊柱的感觉。

功能性
通过调整呼吸，强化腹横肌的收缩感，增强腹肌控制能力，提高腹压，缩小腰围。

呼吸训练："死虫子"

参与肌肉：膈肌、腹横肌、盆底肌、多裂肌

初始
1　仰卧于垫上，双腿上抬使髋、膝、踝均呈90°。
2　双手上举，保持腰部贴紧垫面。

吸气
3　吸气时，腰部向下压实地面，腹腔呈环形扩张。
4　胸部保持稳定，不能耸肩扩胸，尽量利用腹部肌肉增大肺部空间。

呼气
5　呼气时，肋弓下沉，腰部进一步向下压实，腹肌收紧。
　无论是吸气还是呼气，腰部始终贴紧地面，整个身体成为一个刚体，四肢不能随着呼吸摆动。

功能性
通过呼吸激活深层核心肌肉，增加负压，缩小腰围，同时降低腰痛风险以及缓解腰痛。

| 教练有话说 | 腹式呼吸大家都不陌生，有些人理解的腹式呼吸就是仰卧屈膝放松，吸气时鼓肚子，呼气时放松。如果想真正达到刺激腹横肌、激活核心的训练效果，这个做法是完全不够的。 |

激活核心的腹式呼吸训练要求吸气时不仅要向上鼓肚子，还要让整个腹腔充盈气体。所以在吸气时，要感觉腹部及侧腹都向外膨胀。呼气时也不能完全放松，要强调肋弓下沉、腹肌收紧，就像咳嗽时腹肌缩紧的感觉一样，只有这样才能达到训练效果。

▎强度进化

"活虫子"

进阶目的：通过四肢的摆动，增加腹部控制的难度，帮助我们更好地刺激腹横肌。

要求：这个动作不是仅仅手脚摆动就行了，还要配合呼吸。吸气时，下放对侧手脚到极限，这时腹部会有牵拉感；呼气时，手脚回到起始位置，同时腹肌收紧。在整个过程中，腰部都要向下压住地面。

建议：如果觉得手脚同时进行比较难，可以先将上下肢分开进行练习。

四点支撑

参与肌肉：膈肌、腹横肌、盆底肌、多裂肌

初始

1 足尖、双膝、双手六点撑于垫面，保持肩、髋、膝、踝都是90°。

2 收紧腹部，腰背平直，下巴微收，使后脑、胸椎、骶骨三点一线。

动作

3 抬膝到一张信用卡宽的高度，此时，臀部与头部依然在同一直线上，保持即可。

功能性

通过呼吸激活深层核心肌肉，帮助我们增加负压，缩小腰围，降低腰痛风险以及缓解腰痛。

猫式伸展

参与肌肉：膈肌、腹横肌、盆底肌、多裂肌

初始动作与四点支撑要点一致。

吸气

1 吸气配合骨盆前倾，腰椎下塌，胸椎下沉，肩胛骨向脊椎靠拢，抬头，颈椎后伸。
此时身体成弓形，感受腹肌前侧的牵拉感。

呼气

2 呼气配合骨盆后倾，腰椎上拱，胸椎上拱，肩胛骨尽可能远离脊柱，低头，颈椎拱起。
此时身体成拱桥状，感受腹肌的挤压感。

功能性

通过呼吸激活深层核心肌肉，帮助我们增加负压，缩小腰围，降低腰痛风险以及缓解腰痛。

平板支撑

参与肌肉：腹横肌、腹直肌

双脚及双肘撑地，身体其余部分悬空，保持踝、膝、髋、肩、后脑五点一线，维持稳定姿态。

功能性

激活深层腹横肌，提高腹压，帮助减少腰部压力。

▍新手退阶

退阶目的：通过改变支撑位置，减轻重量，降低难度，帮助我们体会刺激核心，更好地理解动作。

要求：只是支撑点改变，躯干整体姿态不能有任何变化。

建议：在膝撑状态如果能完美维持1分钟，建议进行脚撑状态的平板支撑训练，以免负荷过低而起不到刺激效果。

膝撑平板支撑

▍异常表现 ✚

习惯塌腰

误区：臀部及腹部没有发力，将压力全部集中在腰椎上，所以有时候做完平板支撑会有腰痛现象。

纠正技巧：刻意收紧腹部、臀部，维持腰部稳定姿态，保持骨盆处于中立位。

习惯塌腰

肩部过分受力

误区：将所有重量集中到肩部，导致肩部压力过大。

纠正技巧：将重心放在身体中间，身体不要前倾，减轻肩部负担。如果做不到，就要退阶进行膝撑平板支撑。

肩部过分受力

侧方支撑稳定训练：静态侧桥

参与肌肉：腰方肌、腹内斜肌、腹外斜肌

双脚并拢，一肘撑地，一手叉腰，身体悬空。保持上侧踝、膝、髋、肩、耳垂五点一线，维持稳定姿态。

功能性

腰部侧面训练的代表动作，打造3D强壮腹腔。

┃ 强度进化

动态侧桥

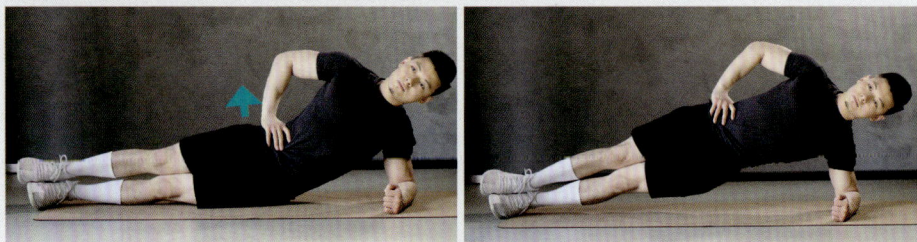

进阶目的： 通过上下运动，增加控制难度，更好地刺激侧腹肌群。另外，由静态变成动态之后，对侧腹表层肌肉的刺激会增多，一方面能提高身体侧向弯曲的能力，增强身体的灵活性和稳定性，另一方面也能强化侧腹肌肉，提高整体核心稳定性并使腹肌形态更加完美。

要求： 身体始终呈一条直线。

建议： 动态侧桥中，双脚并拢时，对身体控制的要求最高，动作难度最大；上腿放在身体前部，对侧腹偏前部刺激较多；上腿放在身体后部，对侧腹偏后部刺激较多。建议根据自己的需求酌情选择。

手撑侧桥

进阶目的： 通过抬高重心，增加身体控制难度，加强肩部稳定性的训练效果。

要求： 肩、髋、膝三点成一条直线。

建议： 建议肘撑觉得十分轻松时再进阶，以免动作变形。

新手退阶

肘撑侧桥

退阶目的： 通过改变支点位置，减轻身体需要承担的重量，让我们能更专注于执行标准动作。

要求： 肩、髋、膝三点成一条直线。

建议： 不要作为首选动作，建议手撑侧桥无法保持正确姿态时再退阶。

浅层腹肌能力训练

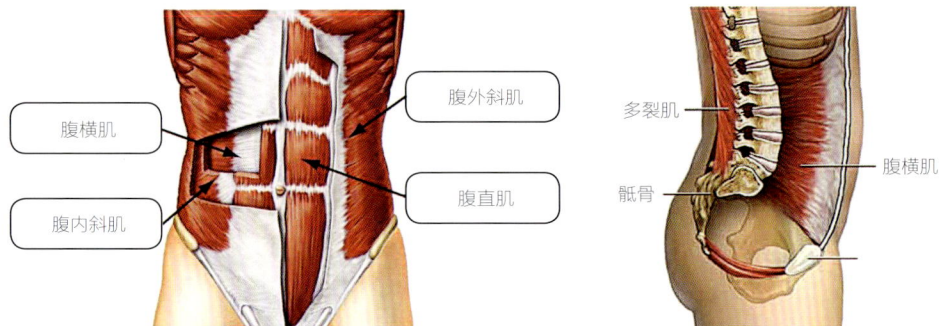

腹横肌

腹外斜肌

腹内斜肌

腹直肌

多裂肌

骶骨

腹横肌

由深及浅的腹肌示意图

　　浅层腹肌主要包括腹直肌（马甲线的构成根本）、腹内斜肌与腹外斜肌（人鱼线的构成根本）、竖脊肌（背沟的构成根本）。这几块肌肉是训练方法最多的区域，如果一味学习动作方法而不看动作的本质，可能永远有学不完的动作。所以，对于浅层腹肌的训练，我们需要按照动作类型进行划分，模式化地学习腹肌训练动作。

　　腹肌训练动作可归纳为五大类：上固定腹肌训练、下固定腹肌训练、中部固定腹肌训练（这三个都是腹直肌训练）、侧屈训练（腹外斜肌训练）、旋转及抗旋训练（腹内斜肌训练）。所有的浅层腹肌训练动作都是在这五类动作基础上的变式，只要掌握了这五种动作的训练原则，一切变化都尽在掌握之中。

上固定腹肌训练

　　上固定腹肌训练是指身体躯干部位稳定不动，身体下部弯曲或摆动而进行的腹肌训练。上固定腹肌训练主要刺激的是腹直肌的下部，不仅对改善隆起的小腹有比较好的效果，还是打造人鱼线的针对性训练。

教练有话说　网络上各种各样的打造人鱼线的训练计划，都是根据上固定腹肌训练的原则设计的，知道了这个真相，在自我训练时会事半功倍。

上固定腹肌训练代表动作：仰卧蹬车

参与肌肉：腹直肌下部、髂腰肌

初始

1 仰卧于垫上，双手垫于腰下，骨盆后倾，使腰部压住手背。

2 双腿屈膝抬起到髋、膝、踝三处都为90°。

蹬出

3 一腿保持屈膝状态固定，另一腿蹬出时要始终保持腰部贴住垫面。

收腿

4 感到有牵拉感时，快速收回换腿。

呼吸：蹬出时呼气，收腿时吸气。

健美意义

下腹训练的代表动作，紧致小腹的针对性练习。

强度进化

难度递增：仰卧交替举腿→仰卧屈腿举腿→仰卧举腿→反向卷腹

仰卧交替举腿

仰卧屈腿举腿

仰卧举腿

反向卷腹

　　进阶目的：通过腿部的上下摆动、并腿摆动、骨盆卷动等动作，增加腹部的控制难度，强化下腹训练效果。

　　要求：腰部始终贴住地面不能悬空，下放时吸气，上抬时呼气。

　　建议：如果腰部无法贴住垫面，建议将双手垫于臀部下方辅助训练。

仰卧剪刀腿

进阶目的：通过双腿快速交替，增加腹部的控制难度，强化下腹训练效果。

要求：腰部始终贴住地面不能悬空，下放时吸气，上抬时呼气。

建议：如果腰部无法贴住垫面，建议将双手垫于臀部下方辅助训练。

▍异常表现 ✚

腰部翘起

误区：腿部下放位置过低。

纠正技巧：腿部下放的位置并非越低越好，而是必须以腰部贴住地面为前提。在此前提之下，下放到腹部牵拉感越明显的位置越好。在整个动作中，要始终保持骨盆处于后倾状态，腰部必须始终贴住地面。不能为了下放深度而把腰部翘起，成为反弓状态，那样会使腰痛风险激增而训练效果丝毫不会提高，因此必须避免。

下固定腹肌训练

下固定腹肌训练是指身体下部稳定不动而上部弯曲的腹肌训练，主要刺激腹直肌上部，是塑造马甲线的最佳训练方式。

下固定腹肌训练代表动作：半程卷腹
参与肌肉：腹直肌上部

初始

1　屈膝仰卧，双手抱头或抱胸，抬头收下巴直到眼睛看到肚脐，始终保持这个状态。

抬起

2　腹肌收缩，身体抬起到肩胛骨完全离开垫面，腰部仍贴在垫子上，保持1~2秒，感受腹肌的挤压。

还原

3　还原到肩胛骨贴住地面即可，头部仍然保持收下巴状态不变。

呼吸：抬起时呼气，还原时吸气。

健美意义

上腹训练的代表动作，紧致腹部，塑造马甲线的经典训练。

▎动作变式

90°卷腹

抬腿到髋、膝、踝都为90°，然后再卷腹。

变式目的：这是一个能同时训练整个腹直肌的动作。抬起下肢后稳定了腰部，也增加了对下腹的刺激，提高动作难度的同时也增加了对整个腹肌的刺激效果。

要求：与卷腹一致。

建议：不能憋气，上抬时呼气，下放时吸气。

异常表现 ✚

腹肌没有感觉而脖子先酸

误区：这不是由于颈部肌肉无力导致的，而是由于头部在卷腹过程中不断晃动所导致的疲劳。

纠正技巧：始终保持头部的固定位置，下巴微收，头部离开地面，在卷腹动作过程中能持续看见自己的肚脐。初学时，可用毛巾放在额头，练习保持头部稳定。

中部固定腹肌训练

中部固定腹肌训练是指在训练中维持身体中部的稳定形态，上下肢同时运动，增加对腹肌的控制感的训练。

对于有一定基础的训练者，孤立的上腹或下腹训练似乎有些低效，而中部固定腹肌训练就能练习整个腹直肌，适合想节省时间或者寻求刺激的人。不过这类动作相对较难控制速度，很难在末端维持，动作频率相对较高，这样就很难感受到挤压腹肌的泵感，对于腹肌线条的形成不利。

中部固定腹肌训练代表动作：两头起

参与肌肉：腹直肌

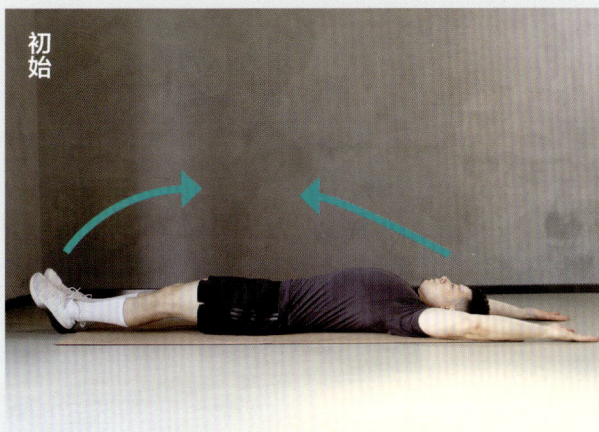

初始

1 仰卧于垫上，双手掌心向上伸直，抬头收下巴直到眼睛看到肚脐，始终保持这个状态。

抬起

2 腹肌收缩，同时将肩胛骨和下肢抬起，手触碰脚尖，保持1~2秒。

抬起

还原

3 缓慢还原，上半身下放
 到肩胛骨贴地，下半
 身下放到腰部不翘起，
 重复动作。

我们可以看到，中部固
 定腹肌训练动作的要求
 是上固定腹肌训练和下
 固定腹肌训练的标准动
 作的整合。

呼吸：抬起时呼气，还原时吸气。

▎新手退阶

单腿两头起

退阶目的：降低训练难度，增加训
练的可操作性。

　　要求：与双腿两头起一致。

　　建议：力小者可以先从这个动作
做起。

屈膝收腹

坐于高处，身体拉开，然后折叠。

退阶目的：改变下肢摆动路径，降低训练难度，增加动作的可操作性。

要求：不能左摇右晃，保持稳定最重要，在训练中要感受骨盆的转动，使腹肌充分收缩。

建议：尽量坐在凳子上练习，没有凳子也可选择椅子替代，在凳子上进行时运动轨迹会更长。

异常表现 ✚

练后腰痛

误区：如有椎间盘突出或腰痛症状，应尽量避免全程仰卧起坐、两头起等中部固定腹肌训练动作，否则会加重症状。这类动作需要整个脊柱都参与运动来实现整个腹肌的收缩，在这个过程中，腰部后突明显，使得椎间盘被挤压，腰痛风险增大。

纠正技巧：椎间盘突出患者或腰痛患者在进行腹肌练习时，推荐局部固定的孤立训练。

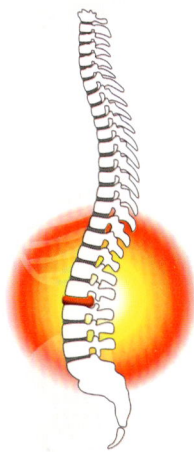

腰椎间盘突出示意图

侧屈伸训练

体侧屈

参与肌肉：腰方肌

1 双脚并拢，双手侧平举打开，躯干竖直。
2 身体侧倾，直到手触碰到同侧腿，保持1～3秒。
3 快速回中。

呼吸：侧屈时呼气，还原时吸气。

健美意义

塑造侧腹紧致形态。

动作变式

负重体侧屈

变式目的：通过负重增加动作难度，实现更好的刺激效果。

要求：动作要慢，呼吸要跟上节奏。

建议：先只做单侧负重，循序渐进，完全能控制后再做双侧负重。

仰卧侧屈摸脚踝

参与肌肉：腹内外斜肌、腰方肌

1 仰卧于垫上，双手放在身体两侧，双脚并拢踩实地面。
2 用手触碰同侧脚后跟，感受侧腹的挤压感，保持1~2秒，然后还原。

呼吸：侧屈时呼气，还原时吸气。

变式目的：降低动作难度，孤立目标肌群，更好地执行动作，在练习过程中能更好地感知侧腹部的挤压感。

旋转及抗旋训练

代表动作：俄罗斯转体

参与肌肉：腹内外斜肌

1 屈膝坐于垫上，双手合于腹部，双脚并拢踩实地面。
在进阶动作中可将双脚抬起。
2 利用腹肌的力量旋转身体到手触地，然后转到另一侧，重复动作。

▌动作变式

抱球转体

进阶目的：通过增加负重，提高动作难度，增强目标肌肉刺激感。

要求：手臂在动作中始终不发力，只用腰腹的力量去转动身体。

建议：循序渐进，先从徒手训练做起。

仰卧转体

进阶目的：通过四肢同时摆动增加控制的难度，增强目标肌肉的刺激感。

要求：对侧膝、肘在最高点要相碰。

建议：动作越慢实际上越困难，不要盲目追求次数多，尽量有控制地完成动作。

单腿翘起仰卧起坐

退阶目的：将单侧脚踩实地面，增加整体的稳定性，将注意力完全放在目标肌肉上。

要求：对侧的膝与肘在最高点要相碰。

建议：不要盲目追求次数多，尽量有控制地完成动作，感受腹肌的挤压感。

教练有话说　腹肌训练最重要的是控制。腹肌是挤出来的，训练时千万急不得，慢慢做要比快速完成的刺激效果好得多。对自己要求高的训练者一定要在动作中强调控制二字。

核心训练动作归纳

核心区域的训练方法可以归纳为六大类：

（1）深层核心激活：呼吸与姿态控制训练

四肢支撑、腰腹区域悬空的稳定姿态，激活深层稳定肌群的训练动作，如四点支撑、平板支撑、静态侧桥、静态臀桥等。

（2）腹直肌下部：上固定腹肌训练

骨盆以上区域保持稳定，下肢按照训练需求进行相应的运动，如仰卧蹬车、仰卧举腿、悬垂举腿等。

（3）腹直肌上部：下固定腹肌训练

骨盆及下肢保持稳定，骨盆以上区域如腰部、躯干按照训练需求进行相应的运动，如卷腹、摸膝、西西里卷腹等。

（4）整个腹直肌：中部固定腹肌训练

骨盆保持稳定，躯干及下肢按照训练需求进行相应的运动，如"死虫子"、两头起、单腿两头起等。

（5）躯干侧面：侧屈伸训练

保持上半身或下半身稳定，躯干从伸直到弯曲，充分挤压侧腹，如动态侧桥、仰卧侧屈摸脚尖等。

（6）旋转及抗旋训练

下肢或骨盆稳定支撑，躯干旋转或对抗旋转的力量保持稳定，如上挑、下劈等。

以上训练动作是大部分腰腹部训练动作的代表。熟练掌握这六大类腰腹训练动作，面对纷繁复杂的腰腹训练变式也不会迷茫。

深度知识

快速打造腹肌线条的秘密

第一个秘密：你看到的八块腹肌其实只是一块肌肉，叫作腹直肌。想练出马甲线和八块腹肌，腹直肌至关重要。但其实腹直肌只是一块肌肉，之所以看起来会有缝线和分格，是由于腱划的存在。每个人的腱划长得并不一样，很

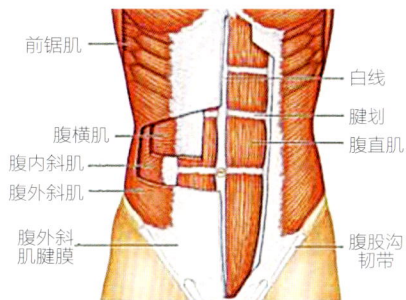

前锯肌
白线
腱划
腹横肌
腹直肌
腹内斜肌
腹外斜肌
腹外斜肌腱膜
腹股沟韧带

腱划将腹肌分出了马甲线和块状

多人练了一辈子也不会有整齐的八块腹肌，有的看起来一边大一边小，有的永远只有六块，但这都是正常现象。如果你有八块清晰且整齐的腹肌，那么恭喜你。

第二个秘密：马甲线其实说明你处于初级训练者水平。

无论男女，训练时间不长、强度不大时，只要皮脂够少，一定会先出现马甲线。马甲线说明刚开始训练不久，腹肌围度不足，所以只有中间的白线比较明显，而腱划的分格不能明显凸出在皮肤之下，看上去只有两块腹肌。其实，女性在高强度训练之下也能拥有非常明显的块状腹肌。

审美上见仁见智，如果喜欢马甲线，只需要选择3~5个腹直肌训练动作（上固定、下固定或中部固定动作），每个动作15~20次一组，每天做三四组，三五周左右就会有明显的腹部线条变化；如果想要拥有八块腹肌，就要加大强度，上重量、加次数，就这么简单。

第三个秘密：腹肌是慢慢挤出来的。

腹肌训练中最重要的一个环节就是挤压，所以一定要放慢速度，在每个最酸胀的动作位置保持2~3秒，充分体会肌肉的灼烧感，这样才能在最短的训练时间内获得最大的效果。

第四个秘密：拉到最长，缩到最短，能达到最佳训练效果。

腹直肌让我们看上去有马甲线或者八块腹肌；腹内外斜肌让我们拥有人鱼线；腹横肌像腰带一样让腰围缩小。这些肌肉集中在一个区域，要想练好，就必须全方位刺激。但其实腹肌训练只有一个原则，就是按照肌肉的走向将目标肌肉拉到最长，然后收缩挤压到最短，这样就能收到最佳训练效果。

比如腹直肌，整个肌肉呈条状，竖直悬挂在胸骨剑突和骨盆上。要想最大限度地锻炼到腹直肌，只需让骨盆和胸骨互相靠近，所以最佳训练动作是两头起、卷腹、反向卷腹等。

腹内外斜肌的主要功能是使身体旋转，所以俄罗斯转体、仰卧侧屈摸脚踝等都是非常好的训练选择。

腹横肌是一个圆环形的肌肉，最重要的功能是维持腹内压力，而且非常活跃，稍微有点刺激就能唤醒。所以选择低强度的训练来刺激它就足够，比如四点支撑、平板支撑，或者瑞士球上的稳定训练。

补充训练

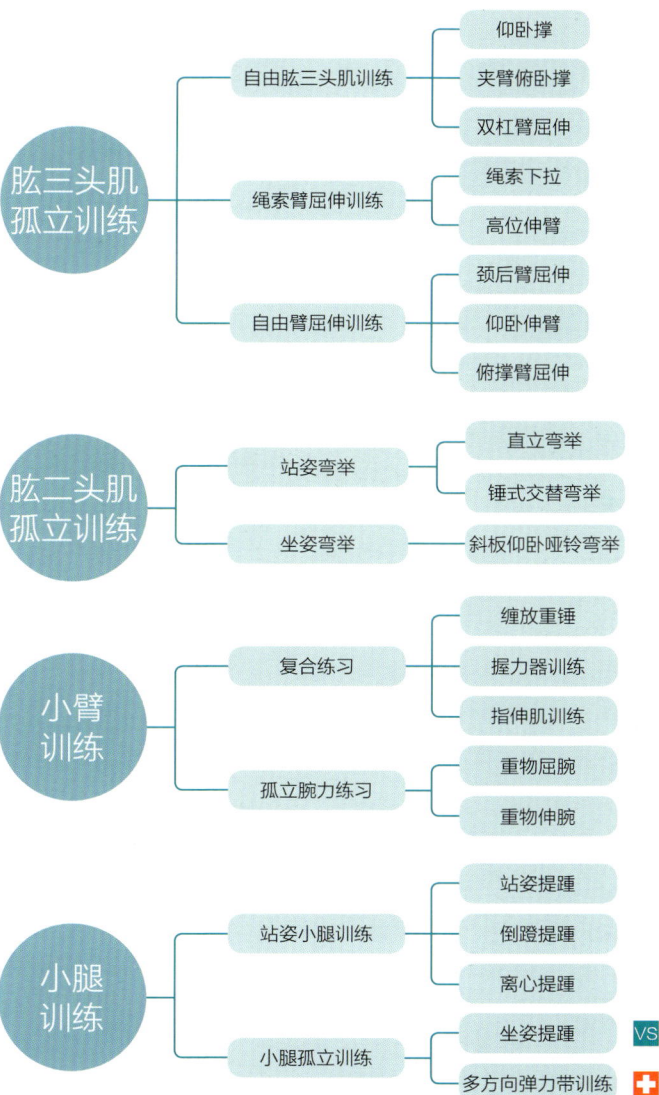

肱三头肌孤立训练
- 自由肱三头肌训练
  - 仰卧撑
  - 夹臂俯卧撑
  - 双杠臂屈伸
- 绳索臂屈伸训练
  - 绳索下拉
  - 高位伸臂
- 自由臂屈伸训练
  - 颈后臂屈伸
  - 仰卧伸臂
  - 俯撑臂屈伸

肱二头肌孤立训练
- 站姿弯举
  - 直立弯举
  - 锤式交替弯举
- 坐姿弯举
  - 斜板仰卧哑铃弯举

小臂训练
- 复合练习
  - 缠放重锤
  - 握力器训练
  - 指伸肌训练
- 孤立腕力练习
  - 重物屈腕
  - 重物伸腕

小腿训练
- 站姿小腿训练
  - 站姿提踵
  - 倒蹬提踵
  - 离心提踵
- 小腿孤立训练
  - 坐姿提踵
  - 多方向弹力带训练

补充训练是指健美意义大于功能性意义的一切训练，以四肢末端的训练为主。

深度知识从动力链的角度看，完美的运动表现应该是由大肌群带动小肌群，实现末端释放和鞭打发力。所以，只有在需求明确的情况下，比如为了预防损伤以及强化关节力量时，才应该进行身体末端的训练，不应刻意强化末端肌肉。末端肌肉越发达，在鞭打发力时，躯干附近的传导关节就要承受越大的撕扯力，导致损伤风险加剧。

话虽如此，但大多数训练者更看重的是健美需求，所以本节将带领大家精准且安全地训练四肢末端肌肉。

肱三头肌孤立训练

功能性

肱三头肌的主要功能是使手臂完成伸的动作，包括大臂在肩关节处的后伸和小臂在肘关节处的伸直，因此肱三头肌的训练主要围绕两个环节完成，一是肩关节向后伸展，二是肘关节在不同状态下伸直。所以，一切肱三头肌的训练本质上都以"臂屈伸"这个动作为主。

长头　外侧头　内侧头

肱三头肌示意图

健美意义

肱三头肌是大臂后侧的主要肌群，也是构成人体大臂的主要肌群。通过肱三头肌的训练，能消除让女性烦恼的"拜拜袖"，也能让男性拥有强有力的臂弯。

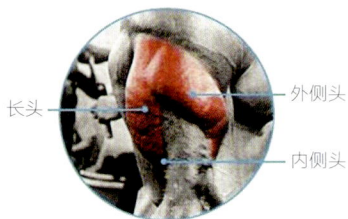

自由肱三头肌训练

仰卧撑

参与肌肉：肱三头肌

下放

撑起

初始

1 坐于凳上，双手手指向前，掌跟撑住凳子。

2 双脚前伸到大腿微屈，保持脚部稳定。

3 将重量置于手上，撑起身体略前移，躯干与凳子之间保持一拳距离。

下放

4 夹紧手臂，以肩关节为轴屈臂，使身体竖直下放到极限，感受肩部前侧的拉伸。

撑起

5 双手发力将身体竖直撑起，不能用脚借力，运动轨迹直上直下。

　如需退阶，则屈腿90°；如需进阶，则将脚垫高到与手同样高度，或增加负重。

呼吸：下放时吸气放松，撑起时呼气助力。

夹臂俯卧撑

双杠臂屈伸

双杠臂屈伸要想练到肱三头肌，躯干要尽量竖直，而不能像用双杠练胸那样前倾。

绳索臂屈伸训练

绳索下压

参与肌肉：肱三头肌中间头

初始

1　身体直立保持稳定，绳索与躯干平行。

2　大臂夹紧，屈小臂手心向下持握把手。

下压

3　大臂夹紧，以肘关节为轴下压把手到肘部锁定，但不要过伸。感受大臂后侧发力。

还原

4　大臂始终夹紧，慢速还原，把手运动轨迹直上直下。

呼吸：还原时吸气放松，下压时呼气助力。

高位伸臂

参与肌肉：肱三头肌长头

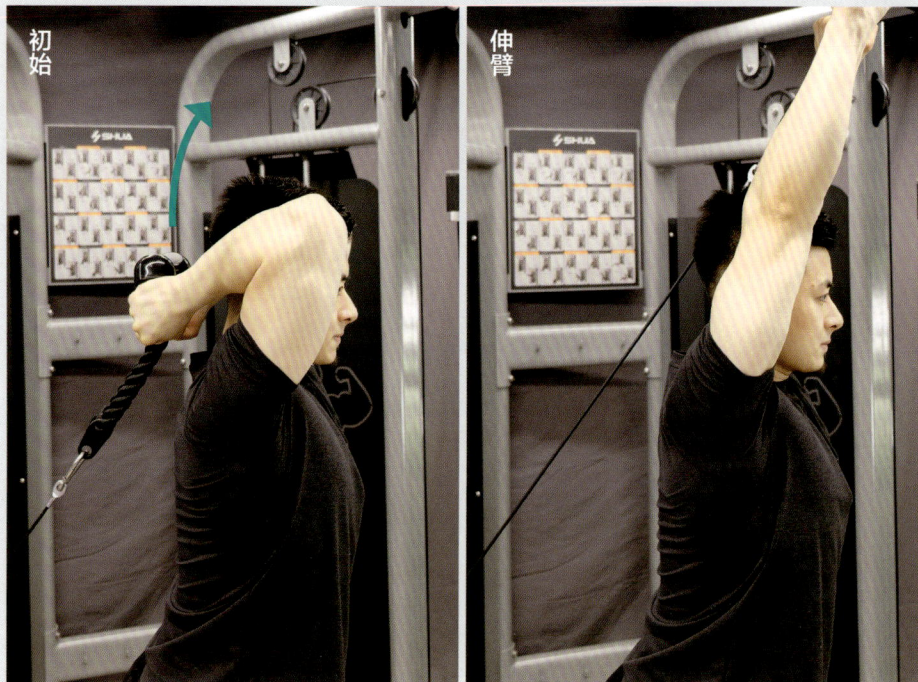

初始

1 身体直立保持稳定，躯干前倾60°。

2 双手手心相对持握绳索把手，上抬大臂到耳朵两侧。

伸臂

3 刻意夹紧手臂，保持大臂稳定，以肘关节为轴伸直到肘部锁定，感受大臂后侧发力，注意不要过伸。

还原

4 大臂始终夹紧，慢速还原。

呼吸：还原时吸气放松，下压时呼气助力。

自由臂屈伸训练

颈后臂屈伸

参与肌肉：肱三头肌长头

初始

1 坐姿或站姿均可，躯干保持稳定。

2 大臂上抬到耳朵两侧，与地面垂直，肘关节指向天空，单手或双手负重。

伸臂

3 大臂夹紧保持稳定，以肘关节为轴伸直到肘部锁定，感受大臂后侧发力，注意肘不要过伸。

还原

4 大臂始终夹紧，慢速还原，尽量直上直下。动作要慢，小心碰头。

呼吸：还原时吸气放松，伸臂时呼气助力。

仰卧伸臂

参与肌肉：肱三头肌内侧头

初始

1 仰卧于凳上，躯干保持稳定，上抬大臂与地面垂直，屈肘到肘关节指向天空。

伸臂

2 大臂夹紧保持稳定，以肘关节为轴伸直到肘部锁定，感受大臂后侧发力，注意肘不要过伸。

还原

3 大臂始终夹紧，慢速还原，尽量直上直下。动作要慢，小心碰头。
在还原时大臂微微向头部倾斜，能更好地刺激肱三头肌。

呼吸：还原时吸气放松，伸臂时呼气助力。

俯撑臂屈伸

初始

1 俯撑于凳上，躯干保持稳定，大臂上抬到与躯干平行，屈肘下垂哑铃。

伸臂

2 大臂夹紧保持稳定，以肘关节为轴伸直到肘部锁定，保持1～2秒，感受大臂后侧发力，注意肘不要过伸。

初始

伸臂

还原

3　大臂始终夹紧，慢速还原，重复动作。

呼吸：还原时吸气放松，伸臂时呼气助力。

肱二头肌孤立训练

功能性

肱二头肌是多关节肌，主要功能是屈肘。关于肱二头肌的训练花样繁多，但都可归纳为一个动作，那就是弯举。当我们了解弯举的本质之后，诸多变式都会无师自通。

健美意义

肱二头肌的位置和肱三头肌相对，位于大臂的前侧，是男性肌肉强壮的标志。实际上，和屈臂相关的一切训练都会对肱二头肌产生刺激，比如引体向上、坐姿下拉以及划船等动作。所以，对于不希望自己看起来孔武有力的女性来讲，肱二头肌不需要额外进行针对性训练；而对于渴望强壮臂弯的男性来讲，肱二头肌的训练是不容忽视的。

站姿弯举

直立杠铃/哑铃弯举

参与肌肉：肱二头肌整体

初始

屈臂

初始

1 双脚自然开立，躯干保持稳定。

2 双手掌心向上握住杠铃杆/哑铃，大臂贴紧身体保持稳定。

屈臂

3 大臂夹住身体保持稳定，用肱二头肌的力量弯举到最高点，保持1～2秒，感受大臂前侧肱二头肌发力。

还原

4 大臂始终夹紧，慢速还原到肘关节170°左右。始终保持肌肉张力，重复动作。

呼吸：屈臂时呼气助力，还原时放松吸气。

教练有话说　　大臂必须夹紧身体，下放时不能顺着惯性下砸，要有控制地缓慢下放。

直立锤式交替弯举

参与肌肉：肱肌、肱桡肌为主，肱二头肌辅助

初始

1 双脚自然开立，躯干保持稳定。

2 双手掌心相对握住哑铃，大臂贴紧身体保持稳定。

屈臂

3 双臂大臂夹紧，一侧以肘关节为轴屈臂到极限，感受大臂前侧肱二头肌发力。

交替

4 大臂始终夹紧，慢速还原到肘关节170°左右并保持，换另一侧手做屈臂。

呼吸：屈臂时呼气助力，还原时放松吸气。

教练有话说　　肱桡肌和肱肌都是重要的肘屈肌，强化肱桡肌和肱肌的训练能为高强度的弯举训练与背部训练打好基础，使手肘外侧线条更完美。

坐姿弯举

斜板仰卧哑铃弯举

参与肌肉：肱二头肌长头（大臂外侧）

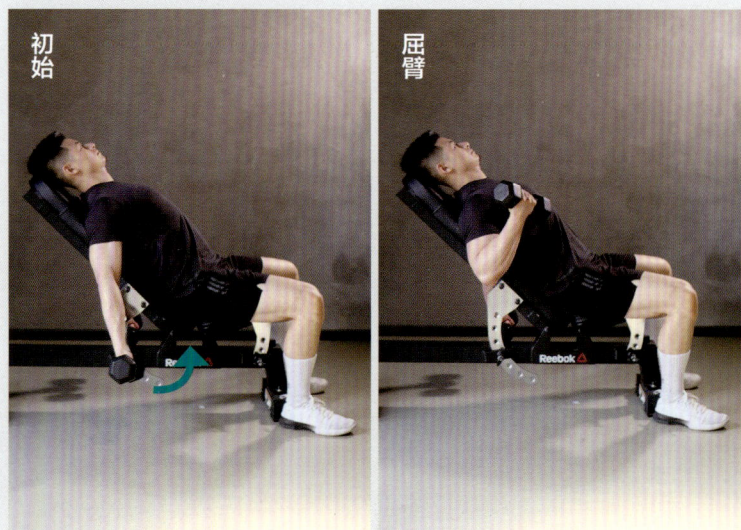

初始

1　坐于凳上，双脚打开90°，双手掌心相对握住哑铃，手臂自然下垂。

屈臂

2　保持大臂稳定，以肘关节为轴屈臂到极限，感受大臂前侧肱二头肌发力。

还原

3　大臂始终夹紧，慢速还原到肘关节170°左右，始终保持肌肉张力。

呼吸：屈臂时呼气助力，还原时放松吸气。

教练有话说

斜板弯举和普通弯举的最大区别就是大臂在斜板弯举过程中处于后伸位。后伸位时，肱二头肌长头（外侧头）被充分拉长，能在弯举中得到最佳刺激，所以要求大臂必须始终垂直于地面。肱二头肌长头（外侧头）就是收缩肱二头肌时从外侧看到的隆起肌峰位置。训练肱二头肌长头，一方面能提高肱二头肌肌峰高度，另一方面也能预防肱二头肌肌腱炎，增加肩关节稳定性。

小臂训练

小臂的肌肉止点均包绕在手掌之上，使手部能完成所需动作，同时使腕关节完成屈伸、旋转等动作。所以，小臂训练的核心就在于腕部及手部的运动。

健美意义

雕塑小臂线条，使整个手臂更加完美。

功能性

增加小臂肌肉力量能起到保护手腕的作用，预防手腕损伤。

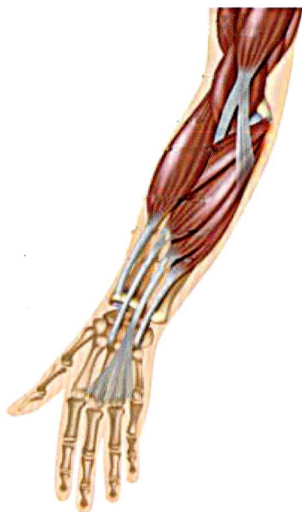

小臂肌肉解剖图

复合练习

缠放重锤

参与肌肉：小臂前后侧整体肌肉

1 手心向下持握手柄，保持绳索与小臂垂直。
2 双手交替屈腕，旋转手柄拉到最高点，然后交替伸腕下放到起始位置。
注意动作不能过快，保证上升及下降过程都有控制。

握力器训练
参与肌肉：小臂屈肌肌群

保持小臂稳定，反复捏握握力器，感受小臂前侧的酸胀。

指伸肌训练
参与肌肉：小臂伸肌肌群

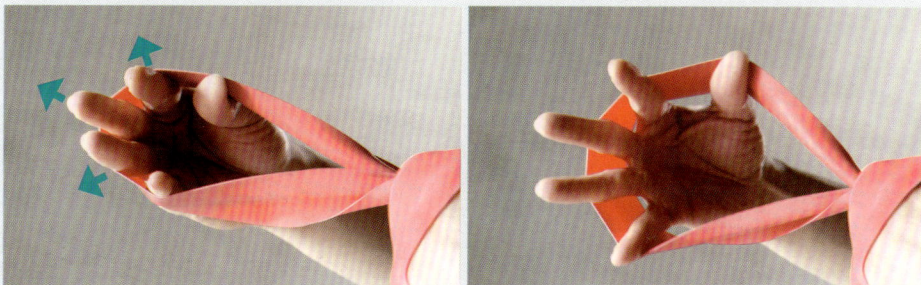

反复向外展开手指到极限，感受小臂后侧的酸胀。

孤立屈腕练习

重物屈腕
参与肌肉：小臂屈肌肌群

初始
1 小臂稳定支撑于大腿，手腕完全悬空，手心向上持握重物。

上抬
2 保持小臂稳定，向上屈腕到极限，感受小臂肌肉的酸胀。

小臂始终贴紧大腿，不能离开。

还原

3 慢速下放到最低点，然后重复动作。

呼吸：上抬时呼气助力，还原时吸气放松。

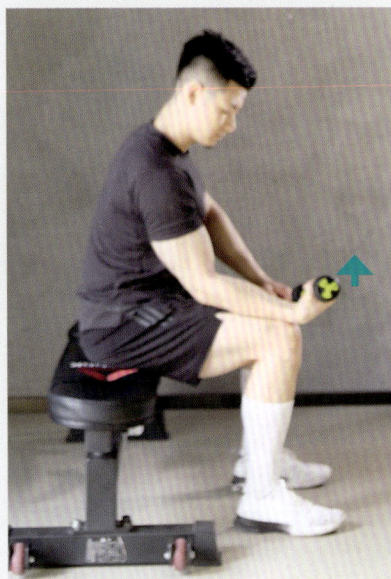

孤立伸腕练习

重物伸腕

参与肌肉：小臂伸肌肌群

动作要点与孤立屈腕练习一致，只是手心方向相反。

小腿训练

正如不推荐专门训练手臂肌肉一样，笔者同样不建议专门进行小腿训练。从动力链的角度来看，末端的肌肉如果过于强壮，在鞭打发力过程中，末端会像流星锤一样，虽然打出去有力量，但是对关节也有伤害。四肢末端的力量只要能跟得上躯干核心，能实现力量的传递及释放足矣，不必刻意强化。

小腿训练主要和踝关节运动相关，小腿后侧的训练方式主要是提踵。

站姿小腿训练

站姿提踵

参与肌肉：腓肠肌为主，比目鱼肌辅助

初始

1 站于台阶上，前脚掌支撑，脚后跟悬空，双手扶稳。

提踵

2 提踵到最高点，保持1~2秒，感受小腿肌肉收紧。
注意虽然是直腿，但膝关节要微屈5°~10°，以免过伸。

下放

3 下放到小腿有被牵拉的感觉，然后重复动作。

呼吸：提踵时呼气助力，下放时自然吸气。

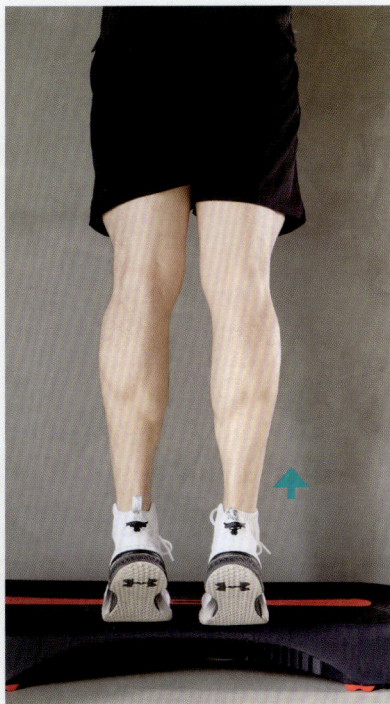

倒蹬提踵

动作要求：与站姿提踵一致。

离心提踵

参与肌肉：腓肠肌、比目鱼肌

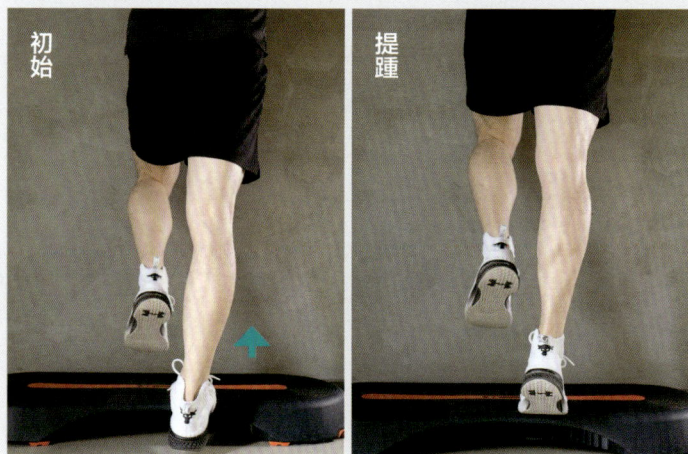

初始

1 单脚站于台阶，前脚掌支撑，脚后跟悬空，另一腿悬空，双手扶稳。

提踵

2 快速提踵到最高点，用6~7秒缓慢下放到最低点，再快速提踵，重复动作。

呼吸：提踵时呼气助力，下放时自然吸气。

功能性

小腿肌群在实际运动中的功能性表现以离心为主，主要是在人体落地时帮助缓冲，所以离心提踵训练是专门针对小腿的功能性训练，也是预防肌肉损伤及跟腱撕裂的最佳训练。

小腿孤立训练

坐姿提踵
参与肌肉：比目鱼肌

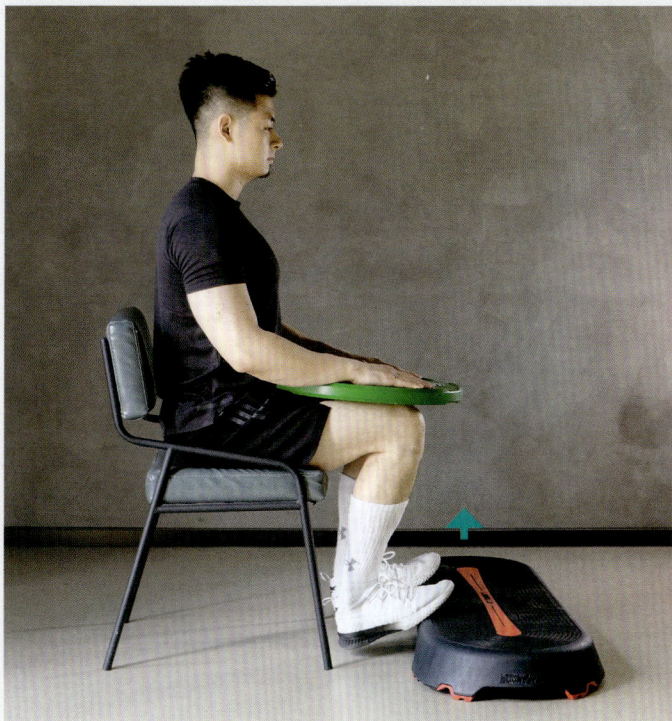

▌动作选择

腓肠肌是多关节肌，跨越了踝和膝两个关节，站姿提踵对腓肠肌的刺激更大。

比目鱼肌是单关节肌，只跨越踝关节，与膝关节运动没有关系，所以在坐姿屈膝的状态下，对腓肠肌刺激会降低，会更多地刺激比目鱼肌。

这套动作对于增肌减脂并无效果，主要训练意义是预防踝关节损伤，或帮助损伤的踝关节恢复正常功能。

多方向弹力带训练

参与肌肉：小腿前侧、内侧、外侧肌肉

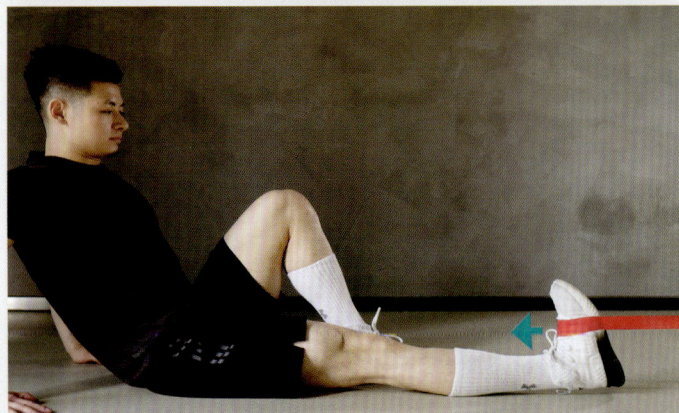

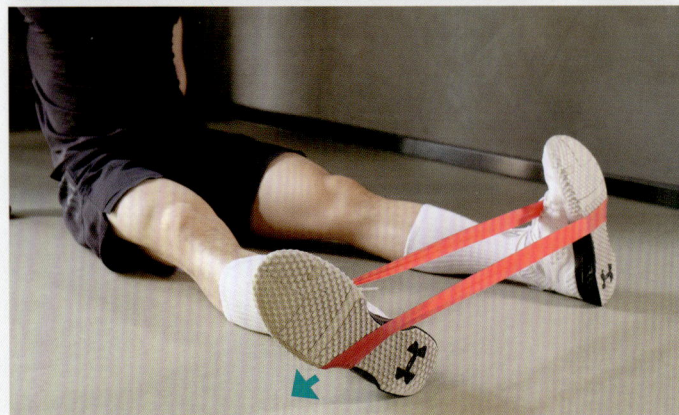

向反方向拉动弹力带即可，慢速发力拉动弹力带，有控制地慢速还原。

小结

　　本书"动作篇"集合了几乎所有训练模式的实操方法，需要对照方法反复演练。训练是一门实践学科，看书是为了更好地理解动作，但要真正掌握训练方法，还要回到实践中去。建议从深蹲、卧推、硬拉这三个多关节、多肌群参与的训练开始，在逐步掌握这三个最基本的动作之后，再进行其他动作的练习，到那时你一定会发现有一通则百通的感觉。

　　背部的肌肉训练不仅能帮助我们克服驼背习惯，使身姿优美挺拔，还能缓解背部疼痛；胸部的肌肉训练不仅能让人气宇轩昂，精气神十足，还能增强力量；腰腹核心训练能在获得马甲线、人鱼线的同时，让我们行得正、坐得稳，出手时能稳准狠；腿部力量训练能塑造完美的臀部及腿型，减缓衰老。

　　本书中的力量训练看似朴实，实际上都是最精华动作的整合，反复打磨定能大有收获。

计划篇

计划与模版

训练要素的组合与布局

在本书"动作篇"中，我们了解了各种动作的功能意义、健美意义等，了解了针对不同的目标应该选择什么样的动作：想要强化臀部获得翘臀，选择屈髋类动作；想要提高跳跃能力，选择下蹲类动作；想要拥有完美背部，选择上肢拉动作，等等。

那么，如果在一次训练中，有多个能满足需求的训练动作，则如何选择呢？选择好动作之后，又要如何排列训练顺序，每个动作应该练几组，每组又该练几次，组间间歇多久合适，一个计划要练多久能见效？……

这些问题是困扰在每个训练者心中的疑惑，无论是刚接触力量训练的新手还是经验丰富的资深训练者，在执行训练计划时，都难免发出这些疑问。确定了这些问题，实际上就确定了整个训练进程。本书"计划篇"，就是要逐一解答上面的疑惑。

单次训练计划：当我训练时我在练什么？

教练有话说　作为教练，经常会收到训练者的求助：能不能教我一个能瘦腰的动作？我做什么动作能提高弹跳力？有没有什么能治膝盖疼的动作？等等。动作是训练的承载，是一切训练的基石，但是，当我们训练时，只有动作需要关注吗？动作背后还有什么逻辑需要注意呢？我们究竟在练什么呢？

小明和小刚是一对爱健身的好朋友，两人常常一起训练，他们遵循健美训练的分化训练方法，周一练胸、周二练背、周三练肩、周四练手臂、周五练腿、周六练腰腹，每周进行6次训练，训练都很刻苦认真，饮食也十分严谨。可是非常奇怪，小刚的训练效果明显比小明的好。为什么训练、饮食、睡眠都一样的两个人会有不同的训练效果呢？他们向我咨询，我只看了他们一节训练课就明白了原因，通过刻意的调整后，小明果然进步神速。

原来，尽管训练内容一样，但是小刚性格内向，训练时把精力都放在自己的训练上；而小明性格外向活泼，每组训练间歇都要和健身房里的其他训练者聊天。同样的训练内容，小刚在50分钟之内就完成了，小明则需要练1个多小时。

也就是说，小刚的训练是在短间歇不完全恢复状态下完成的，肌肉泵感好，充血足，由于间歇控制严格，增肌效果也较好。而小明的训练则是在充分间歇完全恢复的状态下完成的，充分恢复后，肌肉并没有持续充血，影响了训练效果。我告知小明，想要增肌，则必须不完全恢复，将间歇控制在1分钟以内。他立即改正，并收到了立竿见影的效果。

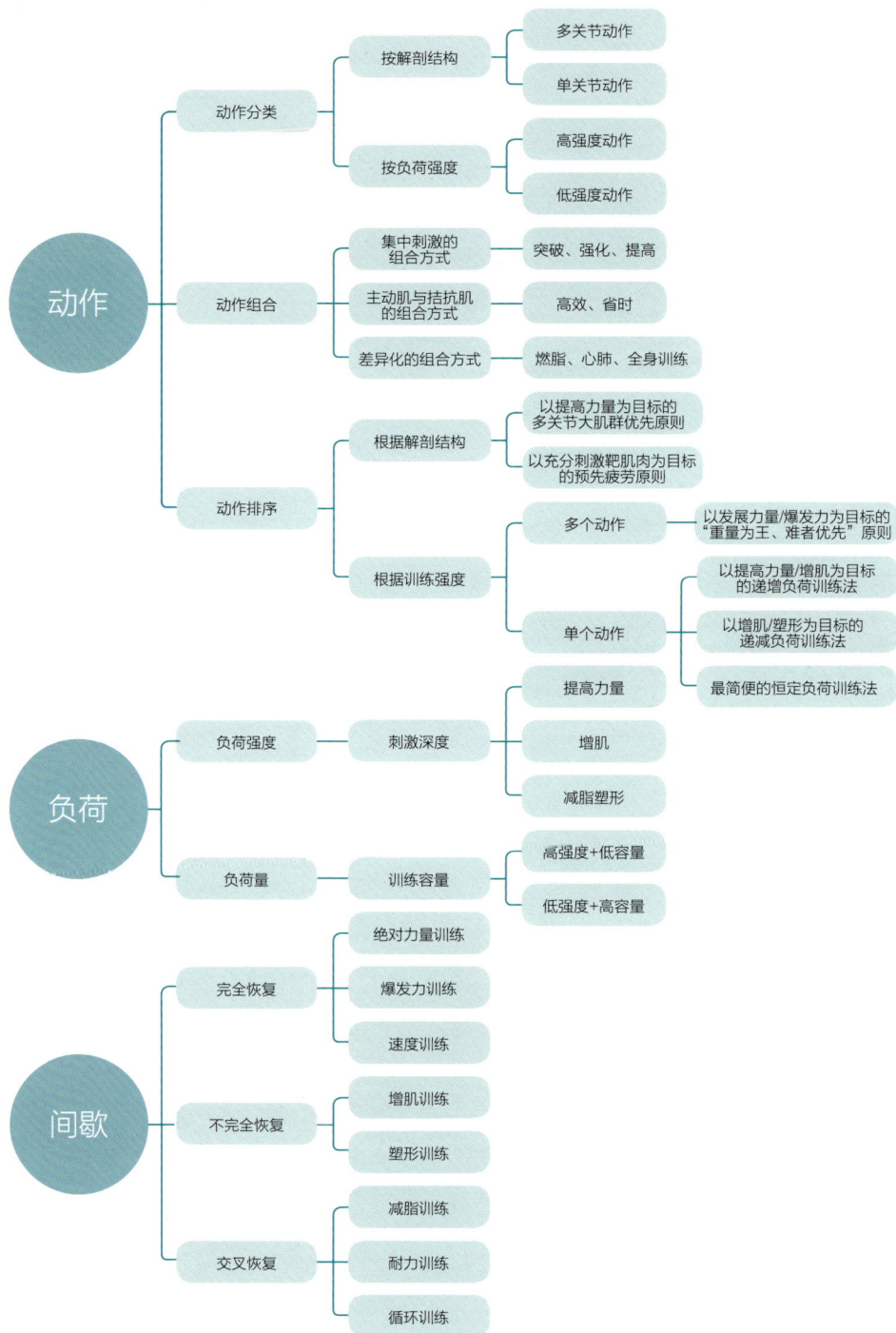

```
                                                ┌─ 多关节动作
                              ┌─ 按解剖结构 ────┤
                              │                 └─ 单关节动作
                 ┌─ 动作分类 ─┤
                 │            │                 ┌─ 高强度动作
                 │            └─ 按负荷强度 ────┤
                 │                              └─ 低强度动作
                 │
                 │            ┌─ 集中刺激的组合方式 ──── 突破、强化、提高
                 │            │
       动作 ─────┼─ 动作组合 ─┼─ 主动肌与拮抗肌的组合方式 ──── 高效、省时
                 │            │
                 │            └─ 差异化的组合方式 ──── 燃脂、心肺、全身训练
                 │
                 │                              ┌─ 以提高力量为目标的多关节大肌群优先原则
                 │            ┌─ 根据解剖结构 ──┤
                 │            │                 └─ 以充分刺激靶肌肉为目标的预先疲劳原则
                 └─ 动作排序 ─┤
                              │                 ┌─ 多个动作 ──── 以发展力量/爆发力为目标的"重量为王、难者优先"原则
                              └─ 根据训练强度 ─┤
                                               │              ┌─ 以提高力量/增肌为目标的递增负荷训练法
                                               └─ 单个动作 ───┼─ 以增肌/塑形为目标的递减负荷训练法
                                                              └─ 最简便的恒定负荷训练法

                              ┌─ 负荷强度 ── 刺激深度 ┬─ 提高力量
                              │                       ├─ 增肌
       负荷 ─────────────────┤                       └─ 减脂塑形
                              │
                              └─ 负荷量 ──── 训练容量 ┬─ 高强度+低容量
                                                      └─ 低强度+高容量

                              ┌─ 完全恢复 ┬─ 绝对力量训练
                              │           ├─ 爆发力训练
                              │           └─ 速度训练
                              │
       间歇 ─────────────────┼─ 不完全恢复 ┬─ 增肌训练
                              │             └─ 塑形训练
                              │
                              └─ 交叉恢复 ┬─ 减脂训练
                                          ├─ 耐力训练
                                          └─ 循环训练
```

　　尽管动作是一切训练的承载，但是训练负荷和间歇也对最终的训练效果具有决定性的影响。所以，每次训练课的表现形式和最终结果，都不单由某个动作决定，而是由动作、负荷、间歇三要素综合决定。

动作

　　动作是我们对训练的直观认识，但是在一次训练课上，动作的组合并不是随意安排的，动作的顺序也不是随心所欲的。那么，这种刻意安排的背后有什么逻辑呢？这层逻辑又是怎么影响训练效率和训练效果的呢？

动作分类

　　在本书"动作篇"，我们把动作模式分成了上肢推、上肢拉、下肢蹬伸、下肢屈曲、旋转等系列，这种分类方式便于我们根据锻炼目标选择适合的动作。而当我们选择好相应的动作之后，所有的动作只要分成两大类就好，即多关节（高强度）动作与单关节（低强度）动作。

教练有话说	人体终归是由206块骨头和600多块肌肉构成的。动作虽然千变万化，但本质不变，完成动作的过程就是骨骼和肌肉共同做功的过程。

多关节（高强度）动作

　　多关节动作是指在训练中有两个或两个以上的关节参与，以大肌肉群发力为主，比如深蹲、硬拉、卧推、爆发式划船、高翻、高抓等。通常这类动作能表现出较快的速度或力量，会使人体产生强烈的疲劳感。

　　简单来说，只有全身参与的多关节动作，才能表现出"速度快"或"力量大"这两个条件之一。

单关节（低强度）动作

单关节动作是指在训练中只有单个关节主要参与运动，其它身体环节只起到稳定支撑或维持姿态的作用，比如坐姿伸腿、屈腿等固定器械动作，以及俯身飞鸟、二头弯举等。这类动作只能刺激局部单块肌肉，负重能力相对于多关节动作较小。

简单来说，单关节动作通常使用中等或较轻的重量，疲劳感较弱，在单次训练中能安排多个动作组合。

教练有话说	剪蹲等单侧支撑项目虽然也是多关节动作，但由于是单侧支撑，增加了平衡难度，负重能力较小，所以也只能算是低强度动作。

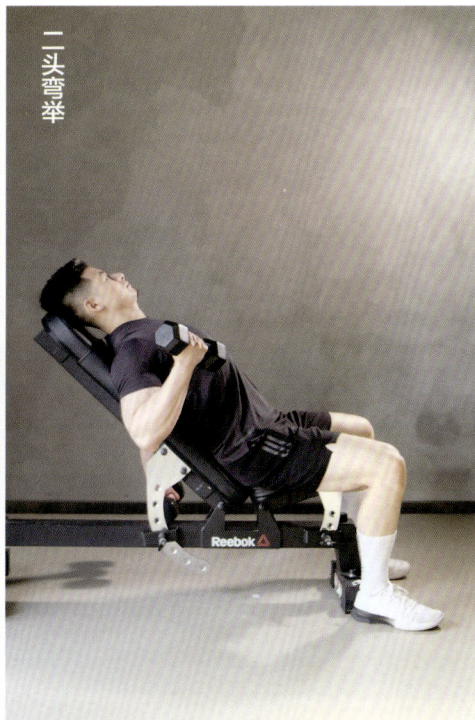

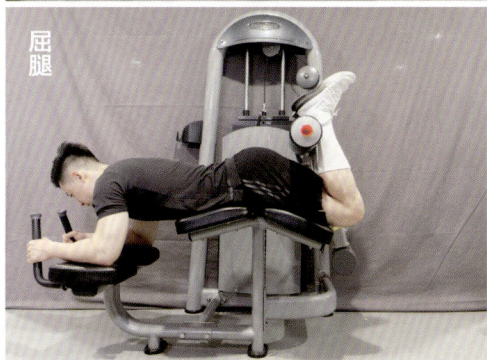

动作组合

　　不同的肌肉，其最佳训练方法也不同。即使是同一块肌肉，要达到全面刺激和充分激活，也需要多个动作从多个角度进行训练。那么，当多个动作一起进行训练的时候应该如何安排呢？针对不同的训练目标应该配合什么样的动作组合逻辑呢？

▎集中刺激的组合方式

目标是"突破""强化""提高"时，建议采用集中刺激的训练组合方式。所谓集中刺激，是指在训练中选择目标针对性一致的多个动作进行强化刺激训练。

这在健美训练中极为常见。健美训练将身体分成胸、背、肩、臂、臀、腿几个区块，每次训练时选择1~2个部位，针对目标肌肉选择多种不同的动作，从多个角度训练肌肉，从而实现全面刺激的效果，这就是典型的集中刺激的组合方式。

专业特供

健美

模板案例

健美：胸部集中刺激组合模板

动作名称	训练部位	次数·组数	组间间歇
卧推	胸大肌+肱三头肌	共5组 其中低负荷（≤16RM）热身1组15次 正式组4组，逐步增重降低次数 （12RM、10RM、8RM、8RM）	30~60秒
		动作间歇≤2分钟	
上斜卧推	胸大肌上部	共5组 其中低负荷（≤16RM）热身1组15次 正式组4组，逐步增重降低次数 （12RM、10RM、8RM、8RM）	30~60秒
		动作间歇≤2分钟	
仰卧飞鸟	胸大肌内侧	共3组，逐步增重降低次数（12RM、10RM、10RM）	30~60秒
		动作间歇≤2分钟	
双杠臂屈伸	胸大肌下侧	50次，自由分组完成	30~60秒
		动作间歇≤2分钟	
仰卧上拉	胸大肌下侧	共3组，15RM	30~60秒

RM是Repetition Maximum（最大重复次数）的缩写，是在力量训练中专用的重量单位。RM必须与数字结合才是有效单位，RM前的数字代表一个训练动作所能重复的次数，8RM就是指你做某个动作最多能完成8次的重量，1RM就是你用尽100%的力量也只能完成1次，无法再进行任何重复的重量。RM前的数字越小，重量就越大。

当然，这样的组合方式不仅仅局限在健美训练中，当我们希望重点突破"力量""弹跳""爆发力""速度"等能力时，就会采用集中刺激的组合方式，比如短跑运动员在进行速度训练时，一整节课都只进行重复的短跑训练，这其实也是集中刺激的一种表现。

小结：什么是集中刺激的组合方式？

I.　　组合形式：选择单个或多个能实现同一目标的训练手段集中进行。

II.　　组合目标：对某种能力或某个部位进行集中刺激。

III.　　应用场景：期望对局部进行强化，或对某种能力进行突破。

IV.　　选择建议：一般用1～2个多关节（高强度）训练动作带若干个单关节（低强度）训练动作。

主动肌与拮抗肌的组合方式

哑铃弯举

主动肌是指与某个动作发力直接相关的肌肉或肌群。例如在做哑铃弯举的时候，肱二头肌用力收缩举起哑铃，那么肱二头肌就是哑铃弯举动作的主动肌。拮抗肌是针对主动肌而言的，和主动肌产生反方向力和反方向运动的肌肉，就叫主动肌的拮抗肌。比如在哑铃弯举动作中，在肱二头肌收缩抬高重物时肱三头肌会被拉长，肱三头肌就是肱二头肌的拮抗肌。主动肌与拮抗肌是相对存在的，拮抗肌为主动肌的运动提供稳定的控制和支撑，二者缺一不可，没有拮抗肌，主动肌也无法进行任何运动。

模板案例

胸背超级组模板

动作名称	训练部位	次数·组数	组间间歇
卧推+宽握坐姿下拉	胸大肌+背阔肌	共6组 其中低负荷（≤16RM）热身1组15次 正式组4组，卧推10RM，下拉10RM	30~60秒
动作间歇≤1分钟			
上斜卧推+窄握坐姿下拉	胸大肌上部+背阔肌	共4组，均采用10RM负荷： 卧推10RM，下拉10RM	30~60秒
动作间歇≤1分钟			
双杠臂屈伸+坐姿拉力器划船	胸大肌下侧+菱形肌	共4组，每组均为屈伸15次+划船10次	30~60秒

> **深度知识**
>
> 这种组合方式的产生是基于一个实验。先让肱二头肌达到非常疲劳的程度，然后采取三种恢复措施：第一种是消极休息（完全不活动），第二种是积极休息（参加其他活动），第三种是进行拮抗肌肱三头肌的训练。
>
> 结果表明，第三种恢复措施中，肱二头肌的力量恢复最快。可见，主动肌与拮抗肌兼练，能有助于疲劳肌肉的尽快恢复。

小结：什么是主动肌与拮抗肌的组合方式？

I.　组合形式：练完主动肌以后，立即训练拮抗肌。

II.　组合目标：节省时间，提高训练效率；迅速激活和恢复互为拮抗肌的肌群，强化训练效果。

III.　应用场景：健美训练的"超级组训练"，将身体的两个相对部位一起训练，比如胸部和背部。这种练法的最大好处就是可以在一个肌群工作的时候，让另一个肌群得到休息，从而缩短间歇时间，使整个训练不仅能强化肌肉，还能起到刺激心肺功能的效果。

IV.　选择建议：当目标是"维持现状""高效训练""充分利用时间"时，推荐采用主动与拮抗的组合方式。这种组合方式代谢压力大，肌肉耐力能得到较大提高，但由于主动肌与拮抗肌同时训练，单个肌肉相对间歇较长，对于增肌的效果不如集中刺激的组合方式。推荐训练时间不充足或是仅需要通过训练维持现状的训练者使用。一般在这种组合方式中，不会选择强度过高的训练动作，而是采用中等强度的多关节或单关节动作进行训练。

▌差异化的组合方式

差异化的组合方式是指用动作的变化代替间歇，将多种不同形式、不同类型、针对不同部位的动作组合在一起，依次进行训练。

模板案例

HIIT训练模板

动作名称	训练时间	主要训练部位
开合跳	30秒	心肺
跪式俯卧撑	30秒	上肢
高抬腿	30秒	心肺
卷腹	30秒	腰腹
波比运动	30秒	心肺
单腿两头起	30秒	腰腹
俯身登山	30秒	心肺

小结：什么是差异化的组合方式？

I.　组合形式：将上肢训练动作、下肢训练动作、核心训练动作、心肺训练动作穿插组合在一起进行训练，一般会采用上下交替、前后交替、不同类型动作交替等差异化方式。

II.　组合目标：通过训练形式或刺激部位的变化，实现极短间歇甚至无间歇，达到力量训练与心肺训练同时进行的效果，或是用力量训练的形式实现有氧运动的效果。

III.　应用场景：常用于循环动作训练中，比如在最新的健身风潮中，HIIT（高强度间歇训练）是很多人"痛并快乐着"的选择。在单次训练中增加消耗，实现快速燃脂。

IV.　选择建议：当目标是"燃脂"或"全身训练"时，短间歇的差异化组合方式是最适合的。如果你一周只能训练一两次，每次都想练遍全身，这种组合方式也是明智的选择。不同于集中刺激组合方式的酸痛难耐，也不同于主动肌与拮抗肌组合方式的专注局部，差异化组合方式更适用于全身训练，HIIT训练是最常见的短间歇差异化组合，而长间歇的差异化组合能帮助我们维持全身力量。

动作排列顺序

　　我们了解了动作分类和动作组合，那么再下一步，在选择了动作和组合形式之后，不同的动作孰先孰后又要遵循什么原则呢？

　　比如，我今天要用集中刺激的组合方式进行腿部训练，选择了85%最大强度深蹲、70%最大强度硬拉、坐姿伸腿、仰卧勾腿这四个动作，应该如何排列先后顺序呢？

　　再如，我选择了主动肌与拮抗肌的组合方式进行整个上肢的训练，选择的几组动作分别是卧推+坐姿划船、上举+坐姿下拉、仰卧飞鸟+俯身飞鸟，这些动作应该怎么排序呢？

　　又如，我采用差异化的组合形式进行训练，是不是只要把不同类型的动作穿插安排即可，还有没有其他需要遵循的原则呢？

　　为了保证训练效率最大化，根据不同的目标，训练动作的排列顺序主要遵循以下两个原则：

▌根据解剖结构安排顺序

以提高力量为目标时：采用多关节大肌群优先原则

　　多关节大肌群优先原则在力量训练中十分常用，是指在一节训练课上，当有多个动作一起训练时，要将深蹲、卧推、硬拉等多关节参与的复合动作优先排列于弯举、坐姿伸腿、卷腹等单关节动作之前进行训练的原则。

　　执行多关节大肌群优先原则，首先是因为多关节大肌群的训练动作，参与的肌肉相对较多，整体发力能力较强，而单关节小肌群的训练动作，参与的肌肉较少，发力能力较弱。其次，为了在力量训练中达到突破极限的效果，通常要求训练者每一组动作都用自己的最大能力完成，此时如果先进行单关节小肌群的训练动作，会造成局部肌肉疲劳，影响整体训练效果。比如卧推和仰卧飞鸟这两个动作，如果先练习仰卧飞鸟，胸大肌势必有一定程度的疲劳，之后再进行卧推训练，则会影响卧推最大力量的发挥。第三，在进行多关节训练之前，如果先进行了较高强度的深层小肌肉训练，尤其是对起稳定功能的小肌群进行训练，那么在进行多关节大肌群训练时，由于这些稳定肌群的疲劳，损伤风险也会增加。

选择建议：当你的目标是提高最大力量时，一定要遵循多关节大肌群优先原则，能起到事半功倍的效果。不鼓励先进行单关节小肌群的训练。

多关节大肌群优先原则的宗旨是，前面的训练不要对后面的训练造成负面影响。

模板案例

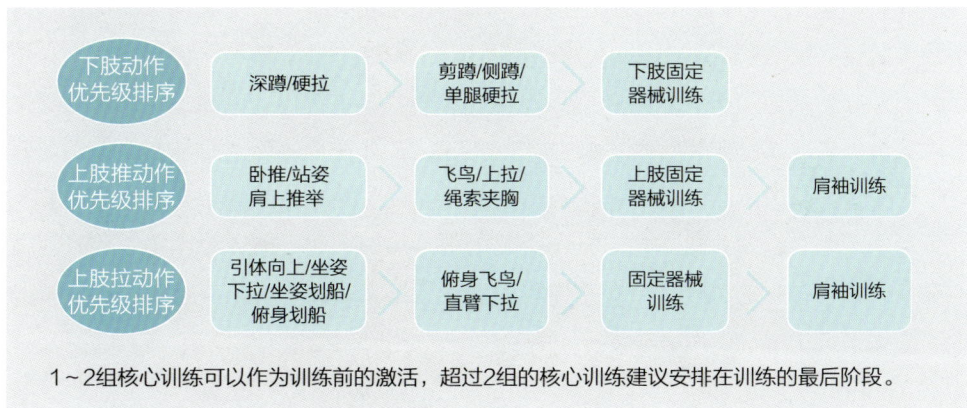

1~2组核心训练可以作为训练前的激活，超过2组的核心训练建议安排在训练的最后阶段。

以充分刺激靶肌肉为目标时：采用预先疲劳原则

预先疲劳原则是在增肌训练中常用的高级训练法，是指在多个动作共同训练时，为了更好地刺激目标肌肉，先采用针对性较强的孤立动作对其刺激，从而避免在多关节动作中出现目标肌肉无感而辅助肌肉力竭的状况。

深度知识　预先疲劳原则和多关节大肌群优先原则似乎相反，但实际上，是从不同逻辑出发的训练安排。预先疲劳原则常被用在增肌训练中，因为增肌训练的关键是训练容量、代谢压力以及带给肌肉的泵感，只有尽可能多地给与肌肉物理上和神经上的刺激，增肌效果才会明显。但是，由于人体肌肉力量不均，在同一个动作中，较强的肌肉总会优先发力，也就是我们常说的"代偿"。代偿的结果就是强者愈强，弱者愈弱，力量较弱的肌群早已疲劳难耐，而强大的肌肉却毫无刺激感。

比如在卧推时，常见的一种情况就是胸部毫无感觉，但手臂却已经酸软无力。为了避免这种情况，可以先用仰卧飞鸟或龙门架夹胸等孤立动作对胸大肌进行刺激，然后再进行卧推训练。具体操作有两种方式：

（1）先做仰卧飞鸟或龙门架夹胸等针对胸部的孤立训练，完成3～4组后，再做卧推或双杠臂屈伸等多关节训练。

（2）采用交替训练方式，先做仰卧飞鸟或龙门架夹胸等针对胸部的孤立训练，做完一组休息60～90秒，马上接着做卧推或双杠臂屈伸等多关节训练。反复交替。

　　选择建议：当你的目标是增肌时，如果想训练某块大肌肉却又找不到感觉，就可以尝试采用预先疲劳原则，先对目标肌肉进行孤立刺激，然后再用多关节训练进行整体刺激。

　　注意，预先疲劳原则需要有一定的训练基础才能实施，如果多关节训练动作还不熟练就盲目使用预先疲劳原则，在疲劳状态下原本不熟练的动作极可能变形，不仅起不到好的增肌效果，甚至会引起损伤，所以要慎重选择。其次，预先疲劳原则应该在训练最开始的时候使用，热身完就实施，不要在训练中间身体较为疲劳时进行，以免负荷过大。第三，在预先疲劳目标肌肉之后，进行多关节力量训练时，训练负荷不要超过你最大能力的70%，避免损伤。第四，预先疲劳原则不适用于以发展最大力量为目标的训练，避免小肌群过度疲劳而出现损伤。

模板案例

胸部	孤立动作	夹胸板式飞鸟（夹胸），哑铃飞鸟（上斜、平板或下斜），钢线夹胸
	复合动作	杠铃或哑铃卧推（上斜、平板或下斜），双杠臂屈伸，机械卧推
肩部	孤立动作	侧平举（钢线或哑铃），前平举（钢线、哑铃或杠铃），俯身侧平举，反向夹胸板式飞鸟
	复合动作	站姿或坐姿的杠铃或哑铃向上推举，哑铃阿诺德推举，机械坐姿推举，直立划船
股四头肌	孤立动作	坐姿腿屈伸（单腿或双腿）
	复合动作	倒蹬腿举，哈克深蹲，弓步蹲
	孤立动作	俯卧腿弯举，坐姿腿弯举，单腿机械弯举
	复合动作	罗马尼亚硬拉或直腿硬拉
背部	孤立动作	机械或哑铃颈后直臂提拉，直臂钢线下压
	复合动作	杠铃或哑铃划船，机械划船，T杆划船，宽握引体向上，背阔肌下拉

根据训练强度安排顺序

以发展力量/爆发力为目标：重量为王，难者优先

原则宗旨：前面的训练不要对后面的训练造成负面影响。

应用场景：多种复合动作的训练组合，根据动作强度决定优先级别，强度越高、重量越大、速度越快、危险系数越高，则优先级越高。

模板案例

| 爆发力训练
（抓、翻、挺） | > | 慢速力量训练
（深蹲、卧推、硬拉） |

深度知识

看到这里读者可能会有所迷茫，在多个动作的组合训练中，到底是依据"重量为王，难者优先"原则，还是依据预先疲劳原则呢？

"重量为王，难者优先"原则主要应用于多个动作之间的负荷差别较大，以提高发力能力为目标的情况。这种训练的最高负荷可能达到1RM或100%极限速度，训练时千钧一发，一点走神或失力都可能造成失败或损伤，更不用说是在局部肌肉疲劳的情况下了。

预先疲劳原则主要应用在健美增肌或塑形训练中，此时所有动作的最高负荷一般都低于8RM，即使在多关节动作开始之前大肌群已有疲劳感，也不会造成安全问题。

所以，在多个动作的组合训练中，要先考虑清楚训练目标，根据目标适用的训练负荷，合理安排动作顺序。

以提高力量/增肌为目标：递增负荷训练法

递增负荷训练法是指在多关节参与的复合动作（如深蹲、硬拉、卧推等）训练中，每完成一组就增加一定的重量，使训练负荷从第一组到最后一组逐渐递增，而重复次数逐渐递减。最前面的低负荷组可作为热身，后面逐渐递增的重量可以提高肌肉耐受力。

应用场景：提高最大力量、增肌均可使用。在递增负荷训练中，不同的组间间歇时间可以实现不同的训练效果。充分间歇（2～5分钟）可以逐步实现身体对大重量的适应，提高最大力量；不完全间歇（1分钟以内）可以保持肌肉持续泵感，增加代谢压力，提高增肌效果。

选择建议：目标为增肌的递增负荷训练法，建议第一组训练负荷12RM，重复12次；第二组训练负荷10RM，重复10次；第三组训练负荷8RM，重复8次；以此类推，直到达到目标重量和目标次数，组间间歇时间控制在1分钟以内。目标为提高最

大力量的递增负荷训练法，建议第一组训练负荷20RM以下，重复5~6次，充分间歇到完全恢复；第二组训练负荷15RM，重复5~6次，充分间歇到完全恢复；第三组训练负荷8RM，重复2~3次，充分间歇到完全恢复；第四组训练负荷4RM，重复1~2次，充分间歇到完全恢复；第五组训练负荷2RM，完成1次，充分间歇到完全恢复；以此类推，直到达到目标重量和目标次数。这个方法也可以用于最大力量测试。

以增肌/塑形为目标：递减负荷训练法

递减负荷训练法是指，当我们由于力竭而无法完成某组练习时，通过减轻重量让训练继续下去，最大限度地募集更多的肌纤维参与发力，提高训练质量和训练效果。这种训练法对提高肌肉耐力和增加肌肉围度都很有效。

应用场景：增肌、塑形常用，增加训练容量。在多组训练中，精力充沛时一般不建议采用递减负荷训练法。只有在完成某组动作后，感觉下一组必须要减轻负荷才能继续时，才会使用递减训练法，这是为了最大限度地激活目标肌肉。比如采用负荷10RM的重量做卧推训练，规定完成5组，每组10次。在前3组你能很好地完成动作，但后2组就算你竭尽全力也只能完成8~9个，这时就可以减轻一定的重量来完成规定的训练计划。

在一组训练中，想要提高训练容量，增加肌耐力和肌肉泵感，也可以采用递减负荷训练法，也就是俗话说的"榨干你自己的最后一丝力气"。比如用5kg哑铃做侧平举15次就完全无法继续了，再换成3kg的哑铃，发现还能继续完成15次，到力竭状态后，再换成1kg的哑铃，又完成了15次，最后放下哑铃，徒手完成20次到完全无法抬起手臂。这样的训练，不仅能调动比较活跃的大肌群参与，在不断降低负荷的过程中，一些不易被唤醒的运动单元也被激活，从而在大容量训练的压迫下实现全面刺激的效果。

最简便的训练方法：恒定负荷训练法

相对于递增负荷训练法对高强度的冲击，以及递减负荷训练法对高容量的重视，恒定负荷训练法相对简单也更加易于执行，所以这是大部分人最常采用的训练安排。

应用场景：简单好执行，提高肌耐力、增加最大力量、塑形。

恒定负荷的多组数训练中，组数越靠后肌肉越疲劳，相对强度也越大。采用恒定负荷训练法，配合不同的间歇时间和不同的恒定负荷，能实现提高肌耐力、增加最大力量以及健美塑形等不同训练目标。

模板案例

训练目标	训练负荷	次数（恒定）	组数	间歇
增加局部肌肉耐力、塑形	≤16RM	≥16次	4~5组	≤30秒
增加肌肉围度	8~12RM	8~12次	3~5组	30~60秒
增加肌肉力量	3~6RM	3~6次	3~5组	120~180秒

深度知识

当我们用某一恒定负荷训练一段时间后，是否需要调整负荷呢？在此就和大家分享一种专业运动员判断是否需要增加负荷的保守方法，称为二二法则（2-for-2 rule）。某种训练动作的最后一组，如果在连续2次训练课中，都能做到比设定的重复次数多做2次，那么再下次训练课就应该增加重量。例如：体能教练安排做三组卧推，每组重复10次，运动员在连续2次训练课的第三组（最后一组），都能重复12次，那么下次训练就需要增加重量了。

负荷

在以上内容中，我们了解了训练中的动作类型选择、动作组合方式以及动作顺序安排，那么我们应该如何按照自己的需求选择适合的训练负荷呢？究竟什么是训练负荷，它仅仅和重量相关吗？

实际上所谓的负荷，包括两大部分：一是负荷强度，二是负荷量。

负荷强度

负荷强度是指训练的刺激深度，一般用单次动作的功率来衡量，完成单个单次动作的功率越大，强度越大；功率越小，强度就越小。简单理解的话，要么动作快，要么重量大，负荷强度就大。

深度知识

众所周知，功率$P=F×V$（F为力，V为速度），而速度$V=S/T$（S为距离，T为时间），可以推导出$P=F×S/T$。功率与对抗的重量、做功的距离成正比，与完成动作的时间成反比。所以，小重量的爆发力训练，由于其高速运动而拥有较大的功率，负荷强度可以和大重量的绝对力量训练持平，举重运动中的高抓、挺举等动作，即使使用较轻的重量，也属于高强度训练。

前文介绍过，在力量训练中，一般用RM来判定动作负荷能否满足训练需求。1RM用力百分比、可能的重复次数与负重重量的对应关系如下表所示。（摘自《体能训练概论》，*Essentials of Strength and Conditioning Training*）

最大重复次数与训练负荷

最大重复次数（RM）	1	2	3	4	5	6	7	8	9	10	12	15
%1RM	100	95	93	90	87	85	83	80	77	75	67	65
负荷（kg）	10	10	9	9	9	9	8	8	8	8	7	7
	20	19	19	18	17	17	17	16	15	15	13	13
	30	29	28	27	26	26	25	24	23	23	20	20
	40	38	37	36	35	34	33	32	31	30	27	26
	50	48	47	45	44	43	42	40	39	38	34	33
	60	57	56	54	52	51	50	48	46	45	40	39
	70	67	65	63	61	60	58	56	54	53	47	46
	80	76	74	72	70	68	66	64	62	60	54	52
	90	86	84	81	78	77	75	72	69	68	60	59
	100	95	93	90	87	85	83	80	77	75	67	65
	110	105	102	99	96	94	91	88	85	83	74	72
	120	114	112	108	104	102	100	96	92	90	80	78
	130	124	121	117	113	111	108	104	100	98	87	85
	140	133	130	126	122	119	116	112	108	105	94	91
	150	143	140	135	131	128	125	120	116	113	101	98
	160	152	149	144	139	136	133	128	123	120	107	104
	170	162	158	153	148	145	141	136	131	128	114	111
	180	171	167	162	157	153	149	144	139	135	121	117
	190	181	177	171	165	162	158	152	146	143	127	124
	200	190	186	180	174	170	166	160	154	150	134	130
	210	200	195	189	183	179	174	168	162	158	141	137
	220	209	205	198	191	187	183	176	169	165	147	143
	230	219	214	207	200	196	191	184	177	173	154	150
	240	228	223	216	209	204	199	192	185	180	161	156
	250	238	233	225	218	213	208	200	193	188	168	163

在上表中显而易见，可重复次数与负荷重量成反比，负荷重量越大，可重复次数越少。我们也可以看到1RM的用力百分比和可重复次数的关系。[1]

---

1   由于误差和个人运动能力不同，和100%1RM越接近，数据推算越准确。而85%1RM以下，数据只能作为参考，实际重量还需要在实践中确定。

美国体能协会编著的《体能训练概论》中有一张图表，展示的是最大重复次数（RM）与不同训练目标的关系。

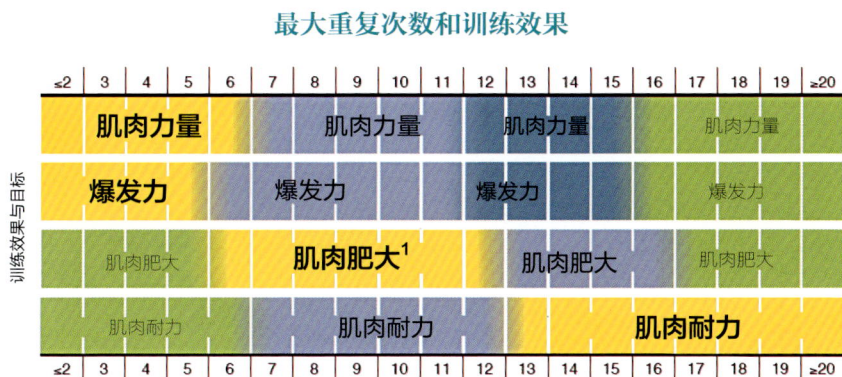

最大重复次数和训练效果

为了便于理解，我们将图表区间转化为数字形式，即可得到不同训练目标的适用负荷，如下表所示。

训练目标	负荷（%1RM）	目标重复次数
力量提高	≥85	≤6
单次最大爆发力	80~90	1~2
多次最大爆发力	75~85	3~5
增肌	67~85	6~12
减脂/肌耐力	≤67	≥12

根据上表，在已经完全掌握动作的前提下，针对不同的训练目标，我们可以进行不同负荷强度的选择：

专业特供

举重　拳击　网球

I.　以力量提高为目标，建议选择85%1RM以上的负荷，并进行不超过6次的重复训练。

II.　以单次爆发力提高为目标，比如举重项目，建议选择

1　虽然此重复范围显示对于肌肉肥大似乎是最有效的，但有新的证据显示，在不同的训练状态下，一些纤维类型可能会在此范围之外出现显著的肌肉肥大。

80%～90%1RM以上的负荷，并在每组动作练习中进行1～2次的重复训练。

III. 以多次爆发力提高为目标，比如拳击、网球等项目，建议选择75%～85%1RM以上的负荷，并在每组动作练习中进行3～5次的重复训练；

IV. 以增肌为目标，建议选择67%～85%1RM左右的负荷，并在每组动作练习中进行6～12次的重复训练。下肢肌肉由于比较粗大，建议进行10～15次的重复训练。

V. 以减脂塑形/肌耐力为目标，建议选择小于67%1RM的负荷，并在每组动作练习中进行至少12次的重复训练。

负荷量

负荷量是指在单次训练中完成的总训练容量，即重量×重复次数×完成组数。负荷量与负荷强度共同构成训练负荷，负荷强度和功率相关，负荷量和容量相关。

教练有话说

小明和小刚都在进行卧推训练，小明选择用50kg的10RM重量，每组10次，完成4组；小刚选择用100kg的5RM重量，每组5次，完成4组。同样都是2000kg的负荷量，小明感觉练完后肌肉酸胀充血，肌肉围度有增长，而小刚的肌肉围度没有任何变化，只是力气变得更大了。这是为什么呢？原来，50kg和100kg的卧推训练，虽然最终负荷量一样，但50kg（10RM）组更适用于提高肌肉耐力和增肌，100kg（5RM）组则更适合于提高力量。

负荷量和负荷强度在训练计划中应该是此消彼长的关系，不要在一次训练中既强调大强度又强调大负荷量，这种安排对于提高成绩只是一厢情愿，反而有运动损伤和训练过度的风险。训练中一般安排高强度+低训练量，或是低强度+高训练量。

不同训练目标的适宜组数和次数

训练目标	重复次数	组数
力量提高	≤6	2～6
单次最大爆发力	1～2	3～5
多次最大爆发力	3～5	3～5
增肌	6～12	3～6
减脂/肌耐力	≥12	2～3

间歇

　　了解了如何选择动作，如何安排动作，以及如何根据自己的训练目标选择合适的训练负荷，那么我们应该如何控制组间间歇呢？一组动作做完之后到底要不要休息、要休息多久、休息到什么程度？这是我们现在要解决的问题。

　　肌肉恢复的状态主要有完全恢复、不完全恢复、交叉恢复/无恢复三种。根据不同的训练目标，这三种状态会应用在不同的训练场景中，如下表所示：

间歇形式与肌肉恢复状态

间歇形式	恢复状态	间歇时间	应用场景	训练强度	间歇目的
充分间歇	完全恢复	120~300秒	绝对力量训练；爆发力训练；速度训练	极高	恢复能量供给与神经传递能力，保障动作质量，使人体能始终适应高速动作和绝对重量，建立积极的神经适应
短暂间歇	不完全恢复	30~90秒	增肌训练；塑形训练	增肌训练对应中高强度；塑形训练对应中低强度	通过肌肉的不完全恢复使疲劳感充分堆积，实现对肌肉的最大刺激
无间歇	交叉恢复/无恢复	0~30秒	减脂训练；耐力训练；循环训练	中低强度	减脂训练通过持续连贯的过程强化燃脂；耐力训练通过持续无间歇的运动强化心肺耐力与肌肉耐力；循环训练通过多种动作的交替实现整体不休而局部交替休息，从而更好地帮助身体适应训练强度。

　　小结：如何为自己设计科学合理的单次训练课？选定目标是关键。

I.　　如果目标是提高最大力量，应该在单次训练中至少选择1~2个多关节参与的动作，并选择85%1RM以上的负荷，大约是你用尽全力只能重复6次以内的重量。可以依据自己的情况完成2~6组，组间要有充分的恢复时间，让身体完全恢复后再进行下一组训练，一般来说恢复时间至少要2分钟，但是最好不要超过5分钟。

II.　　如果目标是像举重选手一样，提高一次动作的最大爆发力，那么我们应该选择80%~90%1RM的负荷。因为爆发力训练不能练到完全疲劳，所以在进行训练时即使能做3~4个，也只需要以高质量的动作和速度完成1~2个即可，以此

专业特供

举重　篮球

来保证每一个动作都能以最快速度完成，避免疲劳时的动作减速。同样，进行爆发力训练可以完成3～5组，需要至少2分钟的组间间歇，但最长间歇时间不要超过8分钟。

III. 如果目标是提高多次动作的连续爆发力，比如篮球中的连续起跳，那么应该选用75%～85%1RM的负荷。同理，爆发力训练不能做到完全力竭，即使有能力完成6～8次，也只需要完成3～5次，发现减速即刻停止，以建立在高速状态下的神经适应。同其他爆发力训练一样，可以进行3～5组，需要至少2分钟的组间间歇，但最长间歇时间不要超过8分钟，让身体得到完全恢复即可。

IV. 如果目标是增加肌肉储备，提高整体肌肉量，最佳负荷是67%～85%1RM区间，大约是你能完成6～12次的负荷，不要选择过大的重量。另外，增肌训练需要代谢压力和持续泵感，所以不能让身体完全恢复，组间间歇要控制在60秒以内，要在肌肉依旧酸胀的时候就继续进行下一组训练，不能等到酸痛感消失。同一个动作可以进行3～6组训练，在对一个部位进行训练时，至少选择3～6个动作。

V. 如果以塑形/减脂为目标，虽然通常要进行低负荷多次数的训练，但实际上负荷也不能过低，60%1RM以下就可以了，大约是你能完成重复次数在15次以上的重量，以16～20次为最佳，每个动作完成3～4组，组间一定不能完全恢复，只有小于30秒的短暂间歇，或直接进行下一个部位的训练以代替间歇。一般来讲，会选择3～6个动作进行训练，交叉恢复或无恢复都是为了用力量训练的形式实现有氧减脂的效果。

训练目标与动作、负荷、间歇的关系

训练目标	负荷强度	次数	组数	组间间歇	恢复状态
力量提高	≥85%1RM	≤6	2～6	120～300秒	完全恢复
单次最大爆发力	80%～90%1RM	1～2	3～5	120～300秒	完全恢复
多次最大爆发力	75%～85%1RM	3～5	3～5	120～300秒	完全恢复
增肌	67%～85%1RM	6～12	3～6	30～90秒	不完全恢复
减脂/塑形/肌耐力	≤67%1RM	≥12	2～3	0～30秒	交叉恢复/无恢复

周期训练计划

千里之行，始于足下。训练计划的周期可以长达4年，比如奥运备战计划；也可以短至几周，比如NBA赛季里的体能训练计划。在上文中，我们已经了解了单次训练计划的安排，那么如果打算在一段时间内持续训练，或者要在特定阶段实现某个目标，应该如何安排训练呢？

目标决定计划，现状决定周期。

在开始设定周期训练计划之前，我们要明白自己的目标，更重要的是要了解自己的现状，给自己做一个清晰的定位。

自我定位

在开始训练之前，首先要找到自己所处的位置，认清自己属于体能训练金字塔的哪一层，然后再真正付诸训练。开始训练之前，先回答几个问题：

①有无损伤史？

无 □

有 □   何种损伤，现状如何，康复手段＿＿＿＿＿＿＿。

②有无运动基础？

无 □

有 □ 何种运动，现状如何，为何中止＿＿＿＿＿＿＿。

③训练目标？

力量提高 □ 增肌 □ 减脂 □ 其他具体目标＿＿＿＿＿＿＿。

④与训练目标的差距有多少，以数字0～10表示，0是无差距，10是最大差距，给自己打多少分？

⑤准备用多长时间实现训练目标？

目标有难易之分，为了实现目标而设计的计划时间也有长短之别。长周期训练计划通常对应的是总目标，比如计划用1年时间减脂20kg，那么减脂20kg就是总目标，1年就是总周期。为了更好地执行计划，一般会将总目标拆分成小目标，比如将20kg分配到每个月，每月减脂1～2kg，然后再拆分为每周减脂0.25～0.5kg，乃至拆分为每天减脂不到0.1kg，这样的训练目标就比较易于实现了。

只要了解正确的方法，就不怕目标难以实现。如何落实呢？我们分步来看。

训练规划

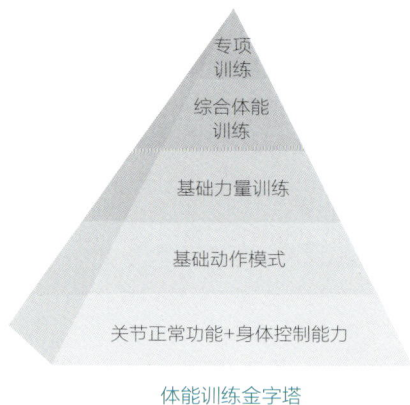

专项
训练

综合体能
训练

基础力量训练

基础动作模式

关节正常功能+身体控制能力

体能训练金字塔

从零到一

如果你毫无训练基础，想要真正开始一个可持续的训练周期并收获理想效果，建议从这里做起。

I.　定位：无论有无损伤史，都请先把自己定位在体能训练金字塔的最底层，从关节功能和身体控制能力的训练开始，做一些类似于徒手蹲起、平板支撑等核心训练动作。这样做的好处是，通过低估自己来获得更大的成就感，你在训练中会发现自己比想象中更强大。

II.　找到和目标的差距：无论有无训练基础，都要先明确你和目标的差距有多少，然后再决定实现目标的时间。

III.　制定计划：计划中最关键的要素是时间，一是实现目标的总时间，也就是目标周期，二是训练时间，三是恢复时间。制定计划后必须严格执行。

深度知识

计划的制定，除了要考虑目标难度之外，个人意愿也是很重要的因素。另外还有几个数据是制定计划时必须考虑的。

减脂（健康成年人标准）：减脂的实质在于摄入与消耗的热量差，少吃多运动就是为了增加热量差，所以减脂只需从饮食和运动两个方面着手就可以了。最具针对性的减脂运动是低负荷、长时间的有氧运动，比如跑步、游泳、划船，如果将有氧运动和力量训练结合起来，还能通过增加身体肌肉量避免脂肪反弹，同时避免有氧减脂导致的皮肤松弛现象。减脂的同时也要注意营养摄入，如果计划每周减掉0.5～1kg脂肪，就保持每天500～1000千卡的热量差，如果每日的热量亏空过大，就会引起营养不良等症状。一般建议成年人的减脂速度控制在**每周减掉1%体重**，这是身体负担较小、状态稳定的减脂速度。比如你的体重是100kg，推荐的减脂速度是每周减掉1kg。

增重（健康成年人标准）：增重的理想状态是增加身体的肌肉含量，要想在一周内增加1kg肌肉，需要额外补充2600千卡热量，平均到每天则需要额外补充350～700千卡热量。要想通过力量训练增肌，每天的蛋白质摄入量应为每千克体重1.2～2克。最佳的增重训练就是力量训练，尤其是中等负荷、短间歇的力量训练。不建议想要增重的训练者做任何形式的有氧运动，尽量减少肌肉消耗。

提高力量（健康成年人标准）：提高力量无法按照每周或每天的目标来具体量化，而必须要放到较长的周期中去设定。一次力量增长周期至少需要6周左右的时间，对于高水平训练者，如果一个周期能增长5%左右的力量，就说明计划非常有效了。

新手计划

如果你具有一定的训练经验，相信通过上面的学习，你已经能够合理安排自己的训练计划了。对于完全没有训练经验的新手，笔者推荐两份精心安排的训练计划，不需再等待，可以直接开始训练。

虚弱新手健身入门推荐计划每周2次训练，每次40～60分钟

	虚弱新手训练第一阶段			
目标	提高身体控制能力 增强心肺功能，提高适应能力			
训练负荷	中低负荷为主			
训练安排	第一种训练	第二种训练	第三种训练	第四种训练
训练目标	核心激活	核心激活	提高身体稳定性、心肺激活	提高身体稳定性、心肺激活
第一部分	力量训练： 1. 死虫子30秒×3组 2. 活虫子16次×3组 3. 静态臀桥30秒×3组 4. 动态臀桥10次×3组 5. 猫式伸展8次×3组	力量训练： 1. 四点支撑30秒×3组 2. 膝撑侧桥30秒/侧×3组 3. 仰卧蹬车16次×3组 4. 半程卷腹10次×3组	力量训练： 1. 活虫子20次×3组 2. 臀桥12次×3组 3. 四点支撑35秒×3组 4. 半程卷腹12次×3组 5. 静蹲30秒×3组	力量训练： 1. 徒手深蹲10次×4组 2. 跪撑俯卧撑10次×4组 3. 膝撑侧桥30秒/侧×3组 4. 仰卧蹬车16次×3组
第二部分	心肺训练： 快走，心率维持在120～130次/分，持续20～25分钟	心肺训练： 快走，心率维持在120～130次/分，持续20～25分钟	心肺训练： 快速原地高抬腿30秒×10组，组间间歇1分钟	心肺训练： 快速原地高抬腿40秒×10组，组间间歇1分钟
第三部分	放松拉伸	放松拉伸	放松拉伸	放松拉伸

备注：以上四种训练循环进行，每周练两次，建议安排在周一/周四、周二/周五、周三/周六，避免两次训练之间间隔太长或太短。

强壮新手健身入门推荐计划每周2次训练，每次40～60分钟

	强壮新手训练第一阶段/虚弱新手训练第二阶段			
目标	提高身体控制能力 增强心肺功能，提高适应能力			
训练负荷	中低负荷为主			
训练安排	第一种训练	第二种训练	第三种训练	第四种训练
训练目标	核心激活	力量激活、提高身体稳定性	提高身体稳定性、心肺激活	力量激活、提高身体稳定性

续表

第一部分	力量训练： 1. 死虫子45秒×3组 2. 活虫子20次×3组 3. 静态臀桥45秒×3组 4. 动态臀桥16次×3组 5. 猫式伸展8次×3组	力量训练： 1. 徒手深蹲12次×4组 2. 跪撑俯卧撑12次×4组 3. 膝撑侧桥45秒/侧×3组 4. 仰卧蹬车20次×3组 *如果较轻易完成，可以换成进阶的高脚杯深蹲和标准俯卧撑；如果感觉有难度，可以换成扶墙深蹲和推墙俯卧撑。	力量训练： 1. 仰卧交替抬腿20次/侧×3组 2. 90°卷腹12次×3组 3. 臀桥15次×3组 4. 四点支撑45秒×3组 5. 膝撑侧桥45秒/侧×3组 6. 静态臀桥45秒×3组	力量训练： 1. 早上好12次×4组 2. 跪起12次×4组 3. 弹力带划船15次/侧×3组 4. 站姿平推16次×3组 5. 仰卧交替抬腿20次/侧×3组 6. 90°卷腹12次×3组
第二部分	心肺训练： 快走，心率维持在125～135次/分，持续20～25分钟	心肺训练： 快走，心率维持在125～135次/分，持续20～25分钟	心肺训练： 快速原地高抬腿60秒×10组，组间间歇1分钟	心肺训练： 快走，心率维持在125～135次/分，持续20～25分钟
第三部分	放松拉伸	放松拉伸	放松拉伸	放松拉伸

备注：以上四种训练循环进行，每周练两次，建议安排在周一/周四、周二/周五、周三/周六，避免两次训练之间间隔太长或太短。

小结：合理应用本书"计划篇"的内容，需要明白以下三点。

I.　每次训练课的表现形式和效果，不单单由某几个动作决定，而是由动作、负荷、间歇三要素综合决定。

II.　新手训练前，先要对目标进行评估和规划，将大目标分解为多个小目标。

III.　在开始训练时，降低预期，能获得更大的成就感，有助于长久的坚持。